Überregulierung im Lebensmittelrecht?

Überregulierung im Lebensmittelrecht?

Möstl/Purnhagen (Hrsg.)

Fachmedien Recht und Wirtschaft | dfv Mediengruppe | Frankfurt am Main

Bibliografische Information Der Deutschen Nationalbibliothek
Die Deutsche Nationalbibliothek verzeichnet diese Publikation in der Deutschen Nationalbibliografie; detaillierte bibliografische Daten sind im Internet über http://dnb.ddb.de abrufbar.

Schriften zum Lebensmittelrecht, Band 49

ISBN 978-3-8005-1968-2

Druck: Beltz Grafische Betriebe GmbH, 99947 Bad Langensalza

Printed in Germany

Vorwort

Dass Unternehmen, Bürger und Behörden zunehmend unter Überregulierung leiden, ist inzwischen eine in Deutschland und Europa weit verbreitete und viel diskutierte Empfindung. Inwieweit gilt diese auch für das Lebensmittelrecht? Das ist die Leitfrage, der sich das 23. Bayreuther FLMR-Herbstsymposium widmete. Die Perspektiven der Unternehmen und der Überwachungsbehörden nahmen dabei einen besonderen Raum ein. Betrachtet wurden aktuelle Gesetzgebungsentwicklungen in Deutschland und Europa (etwa im Bereich Freiheit und Regulierung der Werbung) sowie verschiedene Zukunftsthemen (etwa die Rolle Künstlicher Intelligenz oder die Empfehlungen des Bürgerrats). Sie wurden auf ihre Hintergründe untersucht und in Bezug zu ihren praktischen Auswirkungen und Folgen gesetzt.

Der bewährte Mehrwert der Vorträge und Diskussionen des Symposiums sind dabei die Erfahrungssynergien, die sich aus dem Austausch zwischen den Perspektiven der Rechtsanwender in der Behördenpraxis und den unternehmerischen Positionen sowie dem Blickwinkel der Wissenschaft ergeben. Dafür und insbesondere für die Bereitschaft, uns mit ihren Beiträgen zu ermöglichen, die Erkenntnisse des Symposiums in dem vorliegenden Tagungsband zusammenzuführen, danken wir allen Referentinnen und Referenten sehr herzlich.

Bayreuth, Juli 2025

Prof. Dr. Markus Möstl
Prof. Dr. Kai Purnhagen, LL.M.

Inhalt

Lebensmittelwerbung zwischen Freiheit und Bevormundung

– Werbungsfreiheit als Stiefkind des Grundrechtsschutzes in Deutschland

Friedhelm Hufen*

I. Das Problem

1. Stellenwert der Werbewirtschaft

Die Werbewirtschaft ist nicht nur ein wichtiger Wirtschaftszweig – wir reden von rd. 49 Mrd. € Wertschöpfung und 900 000 Arbeitsplätzen[1] –, sondern auch wesentlicher Wirkfaktor der gesamten sozialen Marktwirtschaft. Es scheint so selbstverständlich, dass es selten erwähnt wird: Werbung ist wesentliche Informations- und Vergleichsquelle für die Verbraucher, Motor für die Binnennachfrage, Wegbereiter zur Durchsetzung von Innovationen im Markt. Produkte wie alkoholfreies Bier, tierwohlgerechtes Fleisch, vitaminreiche Nahrung bedürfen in einem vielfach verflochtenen Markt der Werbung. Presse und privater Rundfunk könnten ohne Werbung nicht existieren, für zahllose Künstler, Texter, Fotografen gilt dasselbe. Ohne Übertreibung lässt sich formulieren: Was für die demokratische Ordnung der freie Diskurs der Meinungen ist – das BVerfG spricht hier immer wieder von konstitutiver Bedeutung[2] –, ist für die freiheitliche und soziale Wirtschaftsordnung die Werbung. Das gilt auch und in besonderem für die Lebensmittelwerbung.

2. Gleichwohl Stiefkind

Trotz dieser großen Bedeutung haben Werbung im Allgemeinen und Lebensmittelwerbung im Besonderen in der öffentlichen Diskussion

1 Daten des Zentralverbands der deutschen Werbewirtschaft (ZAW) https://zaw.de/branchendaten/.

2 BVerfGE 7, 198 (208); 62, 230 (247); 71, 206 (220); 76, 196 (208); 82, 272 (281).

* **Prof. Dr. Friedhelm Hufen**, em. o. Professor für Öffentliches Recht, Staats- und Verwaltungsrecht an der Universität Mainz; Mitglied des Rhld.-Pf. Verfassungsgerichtshofs a. D.

und auch in der Rechtsordnung einen schweren Stand und bieten ein exemplarisches Feld für Überregulierung und bürokratische Hemmnisse. Pauschal werden ihnen Übertreibung, Aufdringlichkeit, Täuschung und Versuchung zur Unvernunft oder Verschwendung vorgeworfen[3]. Sie reagierten nicht auf vorhandene Bedürfnisse des Menschen, sondern schafften neue Bedürfnisse mit negativen sozialen und ökologischen Folgen. Zumal Lebensmittelwerbung fördere ungesunde Ernährung, bevorzuge Dickmacher und fastfood, gefährde vor allem Kinder und vulnerable Gruppen. Nicht weniger als 61 Lobbygruppen – von Foodwatch bis zur Deutschen Diabetes-Gesellschaft[4] – üben Druck auf den Gesetzgeber aus, schimpfen aber lauthals auf die „Lebensmittel- und Werbelobby". Deutschland dürfte den Weltrekord in „Keine Werbung" Stickern an Briefkästen und Hauswänden halten. Ungeachtet entgegenstehender wissenschaftlicher Analysen und wirtschaftlicher wie auch rechtlicher Bedenken genießen Werbeverbote und andere Einschränkungen in Deutschland und Europa hohe Popularität und greifen heute weit über die klassischen Brennpunkte wie Tabak, Alkohol und „Dickmacher" hinaus. Unter souveräner Ausklammerung kultureller und sozialer Traditionen und Funktionen, aber auch eines Rechtsgutachtens des Wissenschaftlichen Dienstes des Deutschen Bundestages von 2021[5], wird gerade aktuell durch den 128. Deutschen Ärztetag ein Totalverbot (neben Tabak und Glücksspiel) für Werbung für Wein und Bier gefordert[6]. Schon ist von notwendigen Verboten klima- oder umweltschädlicher oder frauenfeindlicher Werbung die Rede. Bedenkliche Folge ist schon jetzt eine wachsende „Schere im Kopf" der Beteiligten.

3 Extrem: Kreiß, Werbung – nein danke 2016; krit. dazu Zenthöfer, Keine Reklame mehr? Ein Angriff auf die Werbebranche FAZ 2017, 18.04.2017.

4 Garlichs, FAZ, 16.05.2012, S. M2.

5 https://www.bundestag.de/resource/blob/840012/d518ec24e66f2ece527ff92fb10c85ff/WD-10-002-21-pdf-data.pdf.

6 https://www.aerzteblatt.de/nachrichten/151355/Aerztetag-fuer-umfassendes-Werbeverbot-fuer-Nikotin-Alkohol-und-Gluecksspiel; exemplarisch auch Huizinga, Werbeschranken für Ungesundes: Effektive Regeln zum Schutz der Kinder sind überfällig, in: Möstl/Purnhagen, Risikovorsorge im Lebensmittelrecht (2024), S. 104 ff.

3. Auch Stiefkind des Verfassungsrechts

Werbung ist auch Stiefkind von Verfassungsrecht und Verfassungsrechtsprechung[7]. Schon seit Anbeginn seiner Rechtsprechung schützt das Bundesverfassungsgericht – durchaus lobenswert – Persönlichkeitsrechte, politische Kommunikation und Teilhabe, vernachlässigt aber wirtschaftliche Freiheiten. Jüngstes und drastisches Beispiel waren die Corona-Verbote, bei denen das BVerfG die Religionsfreiheit eines Immam und die Versammlungsfreiheit von Querdenkern eisern verteidigte, aber die Existenzgefährdung ganzer Wirtschaftsbranchen kaum eines Blickes würdigte[8]. Werbung gilt nur dann als durch die Meinungsfreiheit und nicht lediglich durch die Berufsausübungsfreiheit geschützt, wenn sie zumindest auch politische oder moralische Aussagen überbringt – so der Tenor der beiden „Benetton"-Urteile des Bundesverfassungsgerichts[9]. Auch die Verpflichtung zum Aufdruck von Warnhinweisen auf Tabakerzeugnissen hat das Gericht nicht als „Zwang zur fremdbestimmten Meinungsäußerung" an Art. 5 I 1 GG, sondern als Berufsausübungsregelung an Art. 12 GG gesehen, weil es um den Vertrieb von Waren und nicht um die Teilnahme am Prozess der Meinungsäußerung und Meinungsverbreitung gehe.[10] Erfolgreiche Verfassungsbeschwerden gegen Werbeverbote sind entsprechend selten bis nicht vorhanden oder sie betreffen andere Berufsgruppen[11]. Eine ernsthafte Prüfung der Verhältnismäßigkeit solcher Maßnahmen findet nicht statt oder verschwindet hinter Leerformeln.

---

7 Ausnahmen aus der Literatur: Burgi, Das geplante Kinder-Lebensmittel-Werbegesetz (KLWG) auf dem Prüfstand von GG und AEUV. ZLR 2023, 586; Meisterernst, Lebensmittelrecht (2019) 2. Aufl. 2024 S. 222 ff; Hufen, Staatsrecht II. Grundrechte. 11. Aufl. 2025 § 25, Rn. 9; Hufen, Meinungsfreiheit als Freiheit ökonomischer Kommunikation, FS für Reiner Schmidt (2006), 347; Leible, Werbung für Lebensmittel und Kosmetika. Möglichkeiten und Grenzen hoheitlicher Regulierung. Vortrag 23. LebmRechtstag, ZLR 2010, 285; Horst, Wissenschaftlich nicht gesicherte Prämissen des Gesetzesvorhabens, in: Möstl/Purnhagen, Risikovorsorge im Lebensmittelrecht (2024), S. 120 ff.

8 Exemplarisch BVerfGE 159, 223 – Bundesnotbremse I; BVerfGE 159, 355 – Bundesnotbremse II.

9 BVerfGE 102, 347 und BVerfGE 107, 275; s. auch bereits BVerfGE 71, 162 (175); BVerfG (Kammer), NJW 2002, 1187 – Pelztiere.

10 BVerfGE 95, 173 (181 ff.).

11 BVerfG, Kammer, 01.06.2011, NJW 2011, 2636 – Verfassungsrechtliche Grenzen des Werbeverbots für Zahnärzte.

4. Ziele der Untersuchung

Im Folgenden soll es mit dem „Stiefkind-Lamento" nicht sein Bewenden haben, und es geht auch nicht nur um rechtspolitische Forderungen. Vielmehr sollen in einem „allgemeinen Teil" andernorts selbstverständliche Anforderungen der Grundrechtsdogmatik in Erinnerung gerufen und im „besonderen Teil" u. a. auf das immer noch in der Diskussion befindliche geplante Kinder-Lebensmittel-Werbegesetz (KLWG) und geforderte Verbote für „klimaschädliche Werbung"[12] angewandt werden.

II. Verfassungsrechtliche Grundlagen

1. Anzuwendendes Grundrecht/Schutzbereich: Werbung ist Meinung!

Schon ein Blick in die Rechtsprechung des BVerfG zeigt, dass die Grenzlinie zwischen Meinungsfreiheit und Berufsfreiheit im Falle der Werbung kaum stringent gezogen werden kann – um nicht zu sagen willkürlich ist. Soll Bonbonwerbung nur durch Art. 5 GG geschützt sein, wenn Sie sich mit Kritik am Abholzen des Regenwaldes garniert? Wird Tabakwerbung wenigstens „teilsaniert", wenn sie sich zusätzlich dem Schutz des Blauwals verschreibt oder den Bürger wenigstens ein wenig durch Katastrophenszenen schockt? Gerade die Diskussion um die Gesundheitswerbung zeigt, dass sich politische und wirtschaftliche Werbung heute nicht mehr trennen lassen[13]. Deshalb ist als erstes zu fordern, dass Werbung auch im deutschen Verfassungsrecht – wie im europäischen und internationalen Recht[14] („freedom of commercial speech") auch ohne politische oder moralische Zusatzinhalte in den Schutzbereich der Meinungsfreiheit (Art. 5 I GG) fällt[15]. Die Berufsfreiheit (Art. 12 GG) tritt dann als lex generalis zurück. Grundrechtsträger

12 Otto-Brenner-Stiftung, Reklame für Klimakiller. Wie Fernseh- und YouTube-Werbung den Medienstaatsvertrag verletzt, Pressemitteilung vom 6.5.2024, https://www.otto-brenner-stiftung.de/reklame-fuer-klimakiller.

13 In diesem Sinne auch *Selmer*, Verfassungs- und europarechtliche Probleme staatlicher Werbebeschränkungen, in: P. Kirchhof u. a. (Hrsg.), FS für Vogel (2000), 416 (417); *M. Stein*, Wettbewerb ohne Meinung? in: Albers/Heine/Seyfarth (Hrsg.), Beobachten – Entscheiden – Gestalten (2000), 97 ff. (99).

14 Payandeh, Der Schutz der Meinungsfreiheit nach der EMRK, JuS 2016, 690.

15 In diesem Sinne auch große Teile der Literatur. Bahnbrechend *Wacke*, Werbeaussagen als Meinungsäußerungen, in: H. P. Ipsen (Hrsg.), FS für Schack (1966), 179 ff.; *Lerche*, Werbung und Verfassung (1967); w. N. bei *Tettinger*, EG-recht-

sind bei Zuordnung zur Meinungsfreiheit auch Ausländer und inländische wie ausländische juristische Personen. Rein vorsorglich: Bleibt es bei der Zuordnung zur Berufsfreiheit, so geht es bei direkten Werbeverboten möglicherweise nicht nur um Fragen der Berufsausübung, sondern um solche der Berufswahl.

Ein beliebtes Missverständnis betrifft die Vorverlagerung der Grundrechtsschranken in die Definition des Schutzbereichs – so etwa, wenn nur gesunde Werbung geschützt und schädliche Werbung von vornherein nicht geschützt sein soll. Fragen der „Schädlichkeit" oder „Bedenklichkeit" der Werbung sind aber nicht solche des Schutzbereichs, sondern ausschließlich der Grundrechtsschranken. Allein bewusst falsche Tatsachenbehauptungen sind von vornherein nicht geschützt[16].

Gelegentlich ist zu hören, dass Grundrechte neben einer positiv – aktiven Seite auch eine negativ-abwehrende Seite haben. Damit ist nicht das selbstverständliche Recht gemeint, ein gewährleistetes Grundrecht nicht wahrzunehmen, also keine Ehe einzugehen, keinen Glauben zu bekennen usw.[17], sondern es geht um ein fragwürdiges Recht, nicht mit einer Meinung konfrontiert zu werden, keine Straßenkunst hören zu müssen, Werbeplakate an Straßenbahnen und am Straßenrand abdecken zu lassen. Bei näherem Hinsehen zeigt sich, dass hier letztlich immer die Abwehr den Vorrang haben würde und der öffentliche Raum als Raum offener Kommunikation verstummen müsste. Eine „negative Werbefreiheit" im Sinne eines „nicht von Werbung behelligt Werdens" existiert deshalb nicht. Unberührt bleibt die Freiheit zur Verweigerung der Entgegennahme von Briefkastenwerbung im privaten Bereich sowie Einrichtungen zum Abschalten und Überspringen von Werbung in Rundfunk, Fernsehen und Streamingdiensten.

---

liche Verbote von Werbung und Sponsoring bei Tabakerzeugnissen und deutsches Verfassungsrecht (1998), S. 85.

16 BVerfGE 54, 208 (219); 61, 1 (8); 85, 1 (15); 90, 281 (248); zum fehlenden Schutz für objektiv falsche Tatsachenbehauptungen BVerfG(Kammer), NJW 2000, 3485; BVerfG(Kammer), NJW 1993, 916 – Ausschwitzlüge.

17 Hellermann, Die sogenannte negative Seite der Freiheitsrechte, 1993; Merten/Papier Grundrechte-HdB/Merten § 42.

2. Eingriffe

Werbeverbote sind Eingriffe in die Meinungsfreiheit und nur unter den Voraussetzungen des Art. 5 II GG legitimierbar[18]. Das gilt nicht nur für unmittelbar gezielte Gebote und Verbote, sondern auch für mittelbare Eingriffe (z. B. gegen Agenturen und Werbetexter) und faktische Beeinträchtigungen (z. B. durch Abdecken und Überspielen). Auch Presse- und Rundfunkfreiheit sowie die Kunstfreiheit von Graphikern und Fotografen können indirekt betroffen sein[19]. Dabei habe ich ein besonders wichtiges Grundrecht noch nicht einmal erwähnt: Das letztlich in der Menschenwürde wurzelnde[20], konkret durch Art. 2 I GG gewährleistete Recht auf Selbstbestimmung, das auch ein Grundrecht auf Unvernunft enthält und derzeit vielleicht am meisten durch den vorherrschenden Paternalismus gefährdet ist. Erwachsene Menschen dürfen sich durch Werbung verführen lassen, sie dürfen ungesund leben, Übergewicht entfalten und gegen Empfehlungen von Ärzteverbänden handeln – jedenfalls solange sie nicht Dritte gefährden.

Zu den besonderen Problemen von Werbeverboten gehört, dass sie eben nicht gezielt und unmittelbar eingesetzt werden, sondern eine unkontrollierbare Streuwirkung entfalten. Werbeverbote sind schwierig zu dosieren und einzugrenzen. Zumal Werbeverbote für Lebensmittel und Grundnahrungsmittel nicht nur bestimmte Produkte und zu schützende potentielle Adressaten, sondern so gut wie immer auch nicht unmittelbar gemeinte andere Lebensmittel und Folgeprodukte, weitere Produkte und Adressaten betreffen und damit ungeahnte „Kollateralschäden" verursachen. Dasselbe gilt für den Schutz bestimmter Gruppen von Adressaten, insbesondere Kinder und Jugendliche, die in aller Regel auch nicht geschützte Erwachsene und deren TV-Zeiten erfassen. Für beides bildet die Werbung für zuckerhaltige Produkte ein geradezu exemplarisches Beispiel.

---

18 BVerfG, (Kammer), NJW 2001, 3403 (3404); Ausführlich dazu Hufen, Meinungsfreiheit als Freiheit ökonomischer Kommunikation, FS für Reiner Schmidt (2006), 347.

19 BVerfGE 102, 347 (359) – Benetton; zum Schutz der Werbung durch die Pressefreiheit bereits BVerfGE 20, 162 (175); zur Werbung als wirtschaftliches Rückgrat der Pressefreiheit *Hoffmann-Riem*, Kommunikationsfreiheit für Werbung, ZUM 1996, 1 ff.

20 Dazu Hufen, Selbstbestimmung als Kern der Menschenwürde, in: FS Dreier (2024) S. 823 ff.

Werbeverbote sind ferner in der Regel nur mit erheblichem Verwaltungsaufwand und verschärfter Bürokratisierung durchsetzbar. Erschwerend wirken Dokumentations- und Berichtspflichten. Besonders gravierend sind präventive Erlaubnisverfahren für bestimmte Werbeaussagen oder Nachweispflichten für behauptete Umwelt- oder Gesundheitswirkungen[21]. Auch treffen sie häufig mit anderen Eingriffen und Beeinträchtigungen zusammen (kumulative oder additive Grundrechtseingriffe) und stellen damit erhöhte Anforderungen an die Verhältnismäßigkeit[22].

3. Rechtfertigung von Werbeverboten

Bei Zuordnung zur Meinungsfreiheit sind Eingriffe in die Werbefreiheit nach Art. 5 II GG nur durch allgemeine Gesetze, also durch nicht gegen bestimmte Aussagen gerichtete Gesetze zu rechtfertigen. Ausschlaggebend ist die Verhältnismäßigkeit mit exakter Prüfung eines gewichtigen Gemeinwohlziels sowie Eignung, Erforderlichkeit und Angemessenheit der Maßnahme[23]. Bleibt es bei Art. 12 GG und beim Eingriff in die Berufsausübung, gilt heute nicht eine diffuse „Dreistufentheorie“, sondern das Erfordernis einer gleichfalls strikten Verhältnismäßigkeitsprüfung.

a. Wichtiges Gemeinwohlziel

Als gewichtige Gemeinwohlziele für Werbeverbote werden individueller und kollektiver Gesundheitsschutz („public health“), Jugendschutz und – mit zunehmender Intensität – Tierschutz und Klimaschutz genannt. Fraglich ist aber, ob es im liberalen Rechtsstaat ein legitimes Gemeinwohlziel ist, erwachsene Menschen vor ungesunder Ernährung und anderen Formen der Selbstschädigung zu bewahren[24]. Jugend-

21 Zu den auf EU-Recht zurückgehenden „health- bzw. climate-claims“ s. Schroeder, Werbefreiheit im EU Recht, in diesem Band S. 13 ff.

22 Lücke, Die Berufsfreiheit (1994), S. 29 ; Kirchhof NJW 2006, 732; Lücke DVBl 2001, 1469; Klement AöR 134 (2009), 35; Kreuter-Kirchhof, Kumulative Grundrechtseingriffe in das Grundeigentum, NVwZ 2019, 1791; Hufen, Staatsrecht II, § 35 Rn. 40.

23 Exemplarisch BVerfGE 90, 145 (172).

24 Dazu Manuela Lenzen, Schokoriegel, Bürgerrecht. Darf der Staat seine Bürger zwingen, gesund zu leben? FAZ, 13.11.2013, S. N4; das gilt auch für den Tabakgebrauch – zumal wenn es nicht um den Schutz von Passivrauchen, sondern

schutz ist legitim, aber als Ziel bei weitem zu undifferenziert. Dasselbe gilt erst recht für Tierschutz und Klimaschutz.

b. Fragliche Eignung

In der Rechtsprechung des BVerfG scheitern auch fragwürdige gesetzliche Verbote selten an der fehlenden Eignung. Grund ist die dem Gesetzgeber eingeräumte umfassende Einschätzungsprärogative. Es ist aber darauf zu beharren, dass derjenige, der ein wesentliches Grundrecht einschränkt, die Argumentations- und Beweislast dafür trägt, dass das Verbot auch zum Erreichen des Zieles tauglich, also wirksam, ist[25]. Werbeverbote sind nur dann geeignet, wenn sie nachweislich mindestens einen Beitrag zur Zielerreichung leisten, also Gesundheit, Jugendschutz oder Umweltschutz fördern. Das setzt eine doppelte Kausalitätsprüfung voraus: Die verbotene Handlung muss kausal für eine Gefährdung des geschützten Rechtsguts und das Verbot (voraussichtlich) kausal für eine Verbesserung sein. Bloße Korrelationen und oberflächliche Vergleiche mit Entwicklungen in anderen Ländern reichen nicht. Wenn es stimmt, dass eine Kausalität von Werbung und Adipositas bei Kindern nicht nachzuweisen ist[26], dann ist auch eine Kausalität von Werbeverbot und gesunder Ernährung nicht nachweisbar, und es fehlt bereits an der Stufe der Eignung.

c. Erforderlichkeit – Verbraucherinformation als milderes Mittel?

Erforderlich ist ein Werbeverbot erst dann, wenn kein milderes, aber gleich wirksames Mittel zur Verfügung steht[27]. Mildere Mittel sind vor allem die Selbstkontrolle des Unternehmens und ggf. Abhilfe, Warnmitteilungen, Verbraucherinformation bis hin zur gezielten Beeinflussung („nudging") sowie Erziehung von Kindern und Jugendlichen, vor allem aber Anleitung zu Sport und Bewegung. Vielfältige Formen der Beeinflussung sind gegenwärtig schon in weitem Umfang im Einsatz und machen Werbeverbote als letztes einzusetzendes Mittel weitgehend

---

um den Schutz der Raucher selbst geht. Degenhart, Fürsorge wider die Freiheit. Kolumne in NJW 2016, Heft 16.

25 St. Rspr. seit BVerfGE 30, 292 (360).

26 Horst, Wissenschaftlich nicht gesicherte Prämissen des Gesetzesvorhabens, in: Möstl/Purnhagen, Risikovorsorge im Lebensmittelrecht (2024), S. 120 ff.

27 Vgl. etwa BVerfGE 53, 135 (145); zuletzt BVerfGE 92, 262 (273).

entbehrlich. Im Zeichen einer aktivistischen und in weiten Teilen geradezu paternalistischen Verbraucherschutzpolitik beteiligen sich Staat und andere öffentliche Institutionen an diesen Belehrungen und damit „Antiwerbung“ in immer intensiverer Form.[28] So ist der Verbraucher heute vielfach einer ernährungsbezogenen „Staatspädagogik“ ausgesetzt. Bekanntlich hat das BVerfG auf diese Entwicklung nicht etwa dadurch reagiert, dass es die Bedeutung des Subsidiaritätsprinzips und die Grenzen staatlicher Einwirkungen hervorgehoben hätte; es hat es vielmehr schon in der Tabak-Warnmitteilungsentscheidung als legitime Aufgaben des Staates bezeichnet, vor Gesundheitsgefahren durch Tabak zu warnen.[29] Im „Glykolwein“-Urteil ist der *Erste Senat* dann noch weitergegangen, indem er produktbezogene staatliche Informationen nicht einmal als Eingriff in die Berufsfreiheit bezeichnete und hierbei ausdrücklich staatliche Produktwarnungen sanktioniert und als Teil eines offenen Diskurses über Gesundheitsgefahren im Lebensmittelbereich bezeichnet hat.[30] Auch wenn diese Rechtsprechung zu Recht kritisiert und im „Lebensmittelpranger“-Urteil partiell korrigiert wurde, stehen dem staatlichen Verbraucherschutz vielfältige Möglichkeiten der Information und Beratung zur Verfügung, die das drastische Mittel des Werbeverbots entbehrlich erscheinen lassen.

d. Verhältnismäßigkeit im engeren Sinne – Zumutbarkeit

Angemessen, zumutbar oder – in der Sprache des BVerfG – „verhältnismäßig im engeren Sinne“[31] sind Werbeverbote nur, wenn sie auf einer angemessenen Abwägung und Kosten/Nutzen-Analyse beruhen, betroffene Grundrechte in einen schonenden Ausgleich bringen („praktische Konkordanz“) und zu keinen unzumutbaren Härten oder „Kollateralschäden“ bei unbeteiligten Dritten oder anderen Gemeinwohlbelangen führen. Gerade dieser Punkt wurde und wird bei der bisherigen Diskussion um Werbeverbote zu wenig bedacht. Genannt seien die Gefährdung von Arbeitsplätzen, aber auch Presse-, Rundfunk- und

---

28 Dazu *Di Fabio*, Produkte als Träger fremder Meinungen, NJW 1997, 2863 ff.; *Rossen*, Was darf man wissen? – „novel food“-Kennzeichnung und die Meinungsbildung des mündigen Marktbürgers, in: Albers/Heine/Seyfahrt (Hrsg.), Beobachten – Entscheiden – Gestalten (2000), S. 37 ff.

29 BVerfGE 95, 173 (185).

30 BVerfGE 105, 252 (266); ähnl. zur Informationstätigkeit der EU Kommission *Schübl-Pfister* (Fn. 5).

31 Vgl. etwa BVerfGE 67, 157 (173).

Kunstfreiheit, die Behinderung von Innovationen und Markteintritt neuer Mitbewerber und Produkte sowie das Abdrängen transparenter und kontrollierbarer Werbung in intransparente und praktisch unkontrollierbare Werbung durch „Influencer“ und vermeintlich „soziale“ Medien. Unzumutbar ist auch die unangemessene Einschränkung der Rechte Erwachsener zum Schutz von Jugendlichen (Beispiel: Verbot von Fernsehwerbung bis in die Nachtstunden, Alkoholverbote an Tankstellen usw.). Es gilt der Grundsatz: Mit Eltern reden, statt Werbung für alle zu verbieten.

III. Einzelfälle

1. Freihalten von Werbung – generell

Verfassungswidrig sind alle „Rundumschläge“ gegen die Werbung als solche oder Versuche der grundsätzlichen Freihaltung öffentlicher Räume von Werbung (Modell Genf[32]) oder sonstige Konzessionen an die Anti-Werbungs- und Grundbedürfnis – Ideologen. Damit meine ich auch Versuche, die letzten Reste von Tabakwerbung zu verbieten[33]. Dabei ist schon jetzt deutlich, dass der erkennbare Rückgang des Rauchens nichts mit Werbeverboten und auch nichts mit den albernen Horrorbildchen auf Zigarettenschachteln zu tun hat, sondern allenfalls mit gesteigerten Kosten und – man höre und staune! – mit der Einsichtsfähigkeit von Menschen. Es gilt der Grundsatz: Ist ein Produkt gesetzeskonform, dann ist auch die Werbung für dieses Produkt erlaubt und Verbote müssen besonders gerechtfertigt werden.

Werbung kann und darf nicht nur vorhandene Bedürfnisse befriedigen, sondern auch neue Bedürfnisse generieren. Die Vorstellung eines vorhandenen Grundbedarfs eines jeden Menschen ist zutiefst illiberal. Werbung darf auch verführen.

32 Altwegg, Fußtag für immer, FAZ 21.09.2021, 12. Genf verzichtet auf Werbung im öffentlichen Raum. Werbung darf nicht dem Konsum frönen und der Verschwendung Vorschub leisten.

33 Bohsem, Agrarminister Schmidt will vollständiges Verbot der Tabakwerbung einführen, Süddeutsche Zeitung, 29.06.2015; Neuer Anlauf für ein Tabakwerbeverbot, FAZ, 25.11.2019, 17; Rosenfelder, FAZ, 17.07.2016, S. 9; Ebenso der Drogenbeauftragte der Bundesregierung zum „Nichtrauchertag“ 31.5.2024.

2. Kinder-Lebensmittel-Werbegesetzes (KLWG).

Zu Recht (wenn gewiss auch nur vorläufig) still geworden ist es um den Referentenentwurf eines Kinder-Lebensmittel-Werbegesetzes (KLWG). Die andernorts[34] ausführlich dargelegten verfassungsrechtlichen Bedenken lassen sich mit den Stichworten: zu große Unbestimmtheit und zu geringe Differenzierung („Streuwirkung"), fehlender Nachweis der Eignung[35], Nichtberücksichtigung milderer Mittel und unabsehbare „Kollateralschäden"[36] zusammenfassen. So wie es keine guten und keine schlechten Lebensmittel gibt, gibt es auch keine gute oder schlechte Lebensmittelwerbung.

Noch bedenklicher scheint es, Kinder und Jugendliche bis zu einem fixierten Zeitpunkt vor Werbung und ähnlichen Einflüssen abzuschirmen, statt den angemessenen Umgang und die selbstbestimmte Beurteilung von Werbung und anderen Einflüssen der Kommunikationsgesellschaft einzuüben. Ein in der bisherigen Diskussion um die Kinderwerbung[37] viel zu wenig beachteter Aspekt. Ich habe mein ganzes Leben nicht geraucht, obwohl ich während meiner ganzen Kindheit und Jugend dem HB-Männchen ausgesetzt war, und bei den heutigen Kindern und deren Eltern ist das bei Gottschalks Gummibärchen-Parade gewiss nicht anders.

3. Verbote umwelt- oder klimaschädlicher Werbung

Noch größere Bedenken bestehen gegen bisher nur angedachte Verbote umwelt- oder klimaschädlicher Werbung[38]. Diese würden praktisch die gesamte herkömmliche Wirtschaft und die meisten Lebensmittel betreffen, die Freiheit der Konsumenten auf „ungefährliche Grundbe-

---

34 Burgi, Das geplante Kinder-Lebensmittel-Werbegesetz (KLWG) auf dem Prüfstand von GG und AEUV. ZLR 2023, 586 (Kurzfassung eines Rechtsgutachtens für den ZAW); zu den die gesamte Werbewirtschaft gefährdenden Folgen vgl. die Stellungnahme der betroffenen Verbände FAZ 26.10.2023, S. 15.

35 Dazu Mrohs, Schlank ohne Werbung? ZLR 2020, 585. Werbeverbot in England an Kinder gilt seit 16 Jahren hat keinerlei Auswirkung auf das Gewicht der Kinder; Kuroczik, Werbepause, FAZ 30.07.2023, S. 56.

36 Kleindienst, TV-Werbung für Süßes? Allgemeine Zeitung Mainz, 23.8.2023, S. 3.

37 Ruess, Neues zur rechtlichen Regelung der Werbung gegenüber Kindern. ZLR 2013, 262; Gerecke, Werbung gegenüber Kindern und Jugendlichen, NJW 2015, 3185.

38 Otto-Brenner-Stiftung, Pressemitteilung vom 6.5.2024, Klimaschädliche Werbung verletzt Medienstaatsvertrag.

dürfnisse" beschränken sowie selbsternannten ideologisch geleiteten Kontrollgruppen eine praktisch ungehinderte Macht über Wirtschaft und Gesellschaft einräumen. Dasselbe gilt für die heikle Gratwanderung zwischen Darstellung weiblicher Schönheit und sexistischer Ausbeutung, die manche als Einfallstor für durchaus unangebrachten Puritanismus zu begreifen scheinen[39].

VI. Zusammenfassung – Ausblick

In der Gesamtwürdigung scheint es an der Zeit, unabhängig von den Erfolgsaussichten denkbarer Rechtsmittel die verfassungsrechtlichen Bedenken gegen eine immer weiter ausufernde „Verbotskultur" in der Öffentlichkeit und im Prozess politischer Willensbildung zu verdeutlichen. Diese trägt schon heute zu einer lähmenden Überregulierung und Bürokratisierung bei. Schlimmer noch: Sie beruht auf dem Leitbild des „unmündigen" und grundsätzlich schutzwürdigen Verbrauchers, der nicht mehr zu einer eigenständigen Beurteilung und zum Selbstschutz befähigt ist und dann wieder durch immer neue und ausgreifende Verbote geschützt werden muss – eine verhängnisvolle „Spirale der Unmündigkeit", die letztlich das Leitbild der freiheitlichen Grundordnung gefährdet.

39 FAZ, 11.04.2016, S. 19. In der Diskussion sind Werbeverbote (frauenverachtende Anzeige).

Lebensmittelwerbung zwischen Freiheit und Bevormundung – Zur Werbefreiheit im EU-Recht

Werner Schroeder*

I. Freiheitliche EU-Wirtschaftsverfassung als Basis

Die Frage nach der richtigen Balance für die Regulierung der Lebensmittelwerbung im Spannungsfeld zwischen Freiheit und Bevormundung stellt sich nicht nur aus der Perspektive des nationalen Verfassungsrechts, sondern auch aus der des Rechts der Europäischen Union (EU-Recht). Die EU-Rechtsordnung folgt nicht nur dem Grundsatz einer „offenen Marktwirtschaft mit freiem Wettbewerb" (Art. 119 Abs. 1 AEUV), sondern ist zudem mit allen Merkmalen einer freiheitlichen Wirtschaftsverfassung ausgestattet. Zu den Funktionsgarantien einer solchen Wirtschaftsverfassung, die auch für die Gewährleistung der Werbefreiheit relevant sind, gehören insbesondere die im AEUV verankerten Grundfreiheiten, die auf grenzüberschreitende Wirtschaftstätigkeiten anwendbar sind, die EU-Grundrechte, die in der Charta der Grundrechte der Europäischen Union (GRCh) genannt sind, sowie die auf Art. 114 AEUV gestützte Binnenmarktpolitik der EU, die im Wege der Rechtsangleichung Handelshemmnisse und Wettbewerbsverzerrungen beseitigt.[1]

II. EU-Definition von Werbung

In den europäischen Verträgen, d. h. dem EUV oder dem AEUV, sind die Termini Werbung oder Werbefreiheit allerdings nicht zu finden. Der Begriff „Werbung" wird jedoch in diversen EU-Sekundärrechtsakten verwendet und auch definiert. So verstehen die Irreführungs-Richt-

1 Vgl. *Schroeder*, Grundkurs Europarecht[8] (2024) § 18 Rn. 1 ff., 3.

* **Univ.-Prof. Dr. Werner Schroeder, LL.M.**, Institut für Europarecht und Völkerrecht an der Universität Innsbruck.
Ich danke Frau Mag. Anna Illmer für ihre Unterstützung bei der Anfertigung dieses Beitrages.

linie 84/450/EWG[2] bzw. ihre Nachfolge-Richtlinie 2006/114/EG[3] unter Werbung „jede Äußerung bei der Ausübung eines Handels, Gewerbes, Handwerks oder freien Berufs mit dem Ziel, den Absatz von Waren oder die Erbringung von Dienstleistungen [...], Rechte und Verpflichtungen zu fördern" (Art. 2 Nr. 1 Richtlinie 84/450/EWG sowie Art. 2 lit. a Richtlinie 2006/114/EG). Eine ähnliche, aber modernere Definition in der Tabakwerbe-Richtlinie 2003/33/EG[4] sieht „jede Art kommerzieller Kommunikation mit dem Ziel oder der direkten oder indirekten Wirkung, den Verkauf eines Tabakerzeugnisses zu fördern" als Werbung an (Art. 2 lit. b Richtlinie 2003/33/EG).

Andere EU-Rechtsakte verwenden den Begriff Werbung und knüpfen daran rechtliche Folgen, ohne ihn selbständig zu definieren (z. B. Art. 1 und 3 Health Claims-Verordnung 1924/2006)[5]. Im Sinne der Einheit der EU-Rechtsordnung wird man auch in solchen Fällen auf die oben genannten Definitionen zurückgreifen können.

III. Grundlagen des Werberechts im EU-Recht

1. Werbung in der EU-Rechtsgeschichte

Zur ersten EU-rechtlichen Auseinandersetzung in Bezug auf Werbung kam es im Jahre 1980 vor dem EuGH, als es in der Rs. *Debauve* um ein belgisches Verbot von Fernsehwerbung ging.[6] Der Gerichtshof befand, dass ein solches Verbot unter die (heute in Art. 56 AEUV garantierte) Dienstleistungsfreiheit der Werbenden und TV-Veranstalter falle, aber aus zwingenden Gründen des Allgemeininteresses gerechtfertigt sei.[7]

2 Richtlinie 84/450/EWG des Rates vom 10. September 1984 zur Angleichung der Rechts- und Verwaltungsvorschriften der Mitgliedstaaten über irreführende Werbung, ABl. 1984 L 250/17.

3 Richtlinie 2006/114/EG des Europäischen Parlaments und des Rates vom 12. Dezember 2006 über irreführende und vergleichende Werbung, ABl. 2006 L 376/21.

4 Richtlinie 2003/33/EG des Europäischen Parlaments und des Rates vom 26. Mai 2003 zur Angleichung der Rechts- und Verwaltungsvorschriften der Mitgliedstaaten über Werbung und Sponsoring zugunsten von Tabakerzeugnissen, ABl. 2003 L 152/16.

5 Verordnung (EG) Nr. 1924/2006 des Europäischen Parlaments und des Rates vom 20. Dezember 2006 über nährwert- und gesundheitsbezogene Angaben über Lebensmittel, ABl. 2006 L 404/9.

6 EuGH, Rs. 52/79, Procureur du Roi/JVC Debauve u. a., Rn. 11 ff.

7 EuGH, Rs. 52/79, Procureur du Roi/JVC Debauve u. a., Rn. 15; vgl. bereits Rs. 155/73, Sacchi, Rn. 6.

Er sagt freilich nicht, worin diese zwingenden Gründe im konkreten Fall bestehen. Möglicherweise hatte das auch mit den „Besonderheiten" der Dienstleistung Fernsehen zu tun, auf die der Gerichtshof diffus verwies. Besonders freundlich gesonnen schien er dem Medium der Werbung jedoch nicht zu sein.

Anders entschied er hingegen im kurz darauf ergangenen Urteil in der Rs. *Kommission/Frankreich* über ein nationales Werbeverbot für bestimmte alkoholische Getränke.[8] Das Verbot traf vor allem ausländische Alkoholika und wurde folglich als diskriminierender Verstoß gegen die Warenverkehrsfreiheit (jetzt Art. 34 AEUV) qualifiziert. Das Argument Frankreichs, ein Verbot der Werbung für Aperitifs wie Whiskey diene dem Gesundheitsschutz (jetzt Art. 36 AEUV), fand der Gerichtshof vor dem Hintergrund, dass in Frankreich für andere alkoholische Getränke wie Cognac geworben werden durfte, verständlicherweise nicht überzeugend.

Zur ersten Regulierung von Werbung durch EU-Sekundärrecht kam es vor 40 Jahren, als mit der Richtlinie 84/450/EWG (mittlerweile abgelöst durch Richtlinie 2006/114/EG) eine Vorschrift zur Bekämpfung irreführender Werbung eingeführt wurde. In den Erwägungsgründen der Richtlinie finden sich Aussagen zur EU-rechtlichen Bedeutung von Werbung, die heute noch relevant sind. So begründet der Gesetzgeber den Erlass von europäischen Werberegeln damit, dass „Werbung über die Grenzen der einzelnen Mitgliedstaaten hinausreicht", „sich auf die Errichtung und das Funktionieren des Gemeinsamen Marktes aus[wirkt]" (ErwGr. 1) und folglich EU-binnenmarktrelevant ist. Unterfüttert wird dies durch den berechtigten Hinweis, dass Unterschiede zwischen den einzelstaatlichen Rechtsvorschriften betreffend Werbung den freien Verkehr von Waren und Dienstleistungen beeinflussen (ErwGr. 4). Der Gemeinschaftsgesetzgeber weist auch darauf hin, dass Werbung „die wirtschaftlichen Interessen der Verbraucher" berührt (ErwGr. 3) und deshalb auch ein Thema des Verbraucherschutzes ist.

Gegen die so begründete EU-rechtliche Regulierung der Werbung wehrte sich erstmals Anfang der 90er Jahre die *SMW Winzersekt*, ein Zusammenschluss von Winzern aus dem Anbaugebiet Mosel Saar Ruwer, vor dem Verwaltungsgericht Mainz. In dem damit verbundenen Vorabentscheidungsverfahren vor dem EuGH ging es dann darum, ob das durch

8 EuGH, Rs. 152/78, Kommission/Frankreich, Rn. 11 ff.

eine EU-Verordnung ausgesprochene Verbot, einen deutschen Sekt mit der Angabe „méthode champenoise" oder „Champagnerverfahren" zu bewerben, mit EU-Grundrechten vereinbar war.[9] Der Gerichtshof fand zwar, dass das EU-rechtliche Verbot, solche Angaben zu verwenden, die Berufsfreiheit der deutschen Winzer berührt, lehnte jedoch im Ergebnis einen Verstoß ab. Der EU-Gesetzgeber verfüge, so der EuGH, über ein weites Ermessen. Die von ihm ergriffene Maßnahme sei zur Erreichung des Zieles – hier die Verbraucherinformation über die Herkunft von Schaumweinen – nicht offensichtlich ungeeignet.

2. Rechtsquellen des Werberechts im EU-Recht

Im Verlaufe dieses Überblicks über die Geschichte des Werberechts wurde deutlich, aus welchen Rechtsquellen sich das Werberecht der EU speist. Auf der primärrechtlichen Ebene sichern die bereits erwähnten Grundfreiheiten, also die Warenverkehrs- und die Dienstleistungsfreiheit von Werbetreibenden und Herstellern der beworbenen Produkte, die Werbefreiheit. Außerdem geschieht dies durch die EU-Grundrechte, die in der GRCh verankert sind. Unterhalb dieser Rechtsebene wird im EU-Sekundärrecht in einer ganzen Reihe von Verordnungen und Richtlinien Werbung definiert, konkretisiert und eingeschränkt. Auf einige dieser Rechtsakte wird im Folgenden kurz eingegangen.

IV. Sekundäres Werberecht der EU

1. Binnenmarktkompetenz

Ansatzpunkt für den Erlass eines genuinen EU-Werberechts ist die Binnenmarktkompetenz. Der heutige Art. 114 AEUV ist die Grundlage für rechtliche EU-Werberegelungen, z. B. für die Irreführungs-Richtlinie 84/450/EWG bzw. ihre Nachfolge-Richtlinie 2006/114/EG. Die hierfür vom EU-Gesetzgeber gelieferte Begründung, ein im Wege der Rechtsangleichung geschaffenes Werberecht der EU diene dem Abbau von Handelshemmnissen zwischen den Mitgliedstaaten, wird allgemein akzeptiert.

Die Grenzen der Binnenmarktkompetenz gesprengt hat allerdings der Versuch der EU, ein umfassendes Werbeverbot für Tabakerzeugnisse

9 EuGH, Rs. C-306/93, SMW Winzersekt, Rn. 20 ff.

durch die Richtlinie 98/43/EG zu schaffen. Diese Richtlinie hat der EuGH in seinem spektakulären Urteil *Deutschland/Europäisches Parlament und Rat* für nichtig erklärt, weil sie auch ortsbezogene Werbung (im Kino, auf Litfaßsäulen und Plakaten) verbot, die keinen Bezug zum Binnenmarkt aufwies.[10] Dieser Werbebereich bleibt mangels Binnenmarktbezug der Regulierung durch nationales Recht vorbehalten.[11] Die Richtlinie 98/43/EG wurde durch die Richtlinie 2003/33/EU ersetzt, die ein abgespecktes Werbeverbot enthält, welches diese Formen der Werbung nicht mehr erfasst und auch die indirekte Werbung durch sog. „Brand Stretching", bei dem Markenelemente von Tabakprodukten auf andere Produkte übertragen werden (z. B. Camel Active Produkte, Davidoff Parfum usw.), nicht mehr reguliert.

2. Formen und Instrumente der Regulierung von Werbung in der EU

Der Ansatz des europäischen Werberechts wurde dennoch schrittweise ausgeweitet.

Heute besteht der EU-rechtliche Instrumentenkasten für Werbung aus folgenden Beschränkungen:

(1) verhaltensspezifischen Regelungen, die für alle Produkte gelten, wie die Richtlinie 84/450/EWG bzw. jetzt die Richtlinie 2006/114/EG über irreführende Werbung, die bestimmte Werbeaussagen, z. B. irreführende Aussagen, verbieten,

(2) medienspezifischen Regelungen, insbesondere durch die Fernseh-Richtlinie 89/552/EWG[12] bzw. heute die AVMD-Richtlinie 2010/13/EU,[13] die rechtliche Anforderungen an Fernsehwerbung bzw. audio-visuelle Werbung aufstellen,

---

10 EuGH, Rs. C-376/98, Deutschland/Europäisches Parlament und Rat, Rn. 90 ff. und 99 ff.

11 Vgl. etwa §§ 18 ff TabakerzG; § 11 Abs. 6 JuSchGt.

12 Richtlinie 89/552/EWG des Rates vom 3. Oktober 1989 zur Koordinierung bestimmter Rechts- und Verwaltungsvorschriften der Mitgliedstaaten über die Ausübung der Fernsehtätigkeit, ABl. 1989 L 298/23.

13 Richtlinie 2010/13/EU des Europäischen Parlaments und des Rates vom 10. März 2010 zur Koordinierung bestimmter Rechts- und Verwaltungsvorschriften der Mitgliedstaaten über die Bereitstellung audiovisueller Mediendienste (Richtlinie über audiovisuelle Mediendienste), ABl. 2010 L 95/1.

(3) produktspezifischen Vorschriften, wie die Tabakwerbe-Richtlinie 2003/33, die Werbung für Tabakerzeugnisse in der EU verbietet,

(4) zielgruppenspezifischen Vorschriften, wie jene der Fernseh-Richtlinie 89/552/EWG bzw. der AVMD-Richtlinie 2010/13/EU, nach denen bestimmte Werbeaussagen für bestimmte Produkte nicht an Minderjährige zu richten sind, und schließlich

(5) neueren Instrumenten wie jenen des Digital Service Act (DSA, Verordnung (EU) 2022/2065),[14] welche Online-Nutzern eine freie und informierte Entscheidung ermöglichen wollen und deshalb z. B. „Dark Patterns“[15] verbieten (Art. 25 Verordnung (EU) 2022/2065).

Ähnlich entwickelte sich die Regulierungsmethodik im Werberecht. Vom anfänglichen System der allgemeinen Erlaubnis von Werbung entfernte sich das Werberecht – genauso wie das Lebensmittelproduktrecht – immer weiter zu einem Mischsystem,

(1) in dem Werbung grundsätzlich zulässig ist, bestimmte Aussagen aber verboten sind, z. B. bei Irreführung[16] (Erlaubnis von Werbung mit Verbotsvorbehalt).

(2) Gleichzeitig werden durch Sekundärrecht, z. B. durch die Health Claims-Verordnung,[17] bestimmte Werbeaussagen verboten, die im Einzelfall genehmigt werden können (Verbot von Werbung mit Erlaubnisvorbehalt).

(3) Ferner gibt es für die Werbung für bestimmte Produkte, z. B. Tabakerzeugnissen[18], auch abschließende Verbote (reines Verbotssystem).

---

14 Verordnung (EU) 2022/2065 des Europäischen Parlaments und des Rates vom 19. Oktober 2022 über einen Binnenmarkt für digitale Dienste und zur Änderung der Richtlinie 2000/31/EG (Gesetz über digitale Dienste), ABl. 2022 L 277/1.

15 ErwGr. 67 VO (EU) 2022/2065: Dark Patterns sind Praktiken, die Verhaltens- und Entscheidungsschwächen von Menschen ausnützen und Nutzer zu unerwünschten Handlungen oder ungewollten Entscheidungen veranlassen, die negative Folgen für sie haben.

16 Richtlinie 84/450/EWG über irreführende Werbung ersetzt durch Richtlinie 2006/114/EG über irreführende und vergleichende Werbung (Fn. 1 und 2).

17 Verordnung (EG) Nr. 1924/2006 über nährwert- und gesundheitsbezogene Angaben über Lebensmittel (Fn. 5).

18 Richtlinie 2003/33/EG über Werbung und Sponsoring zugunsten von Tabakerzeugnissen (Fn. 4).

(4) Die geplante Green-Claims-Richtlinie[19] schließlich erweitert dieses System noch durch einen verfahrensrechtlichen Ansatz, dem zufolge bestimmte Werbeaussagen zu begründen sind, was einer Kontrolle durch eine unabhängige Prüfstelle unterzogen wird.

3. Zunahme von Werberegulierung durch EU-Recht

Die Regulierungsdichte im europäischen Werberecht hat, wie sich dem vorstehenden Überblick entnehmen lässt, in den letzten Jahren kontinuierlich zugenommen. Das zeigt sich exemplarisch am Recht für Tabakerzeugnisse, das Schauplatz heftiger Kämpfe um EU-rechtliche Werbeverbote war.[20] Diese Werbeverbote komplettierten die strengen Produkt- und Etikettierungsvorschriften für Tabakerzeugnisse, die durch die Richtlinie 89/622/EWG eingeführt wurden.[21] Der Tabaksektor wurde von vielen als eine Art Labor verstanden, in dem Verbote der Werbung für oder Anforderungen an die Aufmachung von Lebens- und Genussmittel(n), deren Verzehr als unerwünscht betrachtet wird, erstmals getestet wurden. Auch deshalb wurde – übrigens mit Unterstützung der Werbeindustrie – so intensiv um die Tabakwerbe-Richtlinie 98/43/EG[22] und um deren Neuauflage durch die Richtlinie 2003/33/EG[23] gekämpft.

---

19 Vorschlag für eine Richtlinie des Europäischen Parlaments und des Rates über die Begründung ausdrücklicher Umweltaussagen und die diesbezügliche Kommunikation (Richtlinie über Umweltaussagen), COM(2023) 166 final.

20 § 22 Abs. 1 des Lebensmittel- und Bedarfsgegenständegesetzes (LMBG) verbot bereits im Jahr 1975 jegliche Werbung für Tabakprodukte in Hörfunk und Fernsehen.

21 Richtlinie 89/622/EWG des Rates vom 13. November 1989 zur Angleichung der Rechts- und Verwaltungsvorschriften der Mitgliedstaaten über die Etikettierung von Tabakerzeugnissen, ABl. 1989 L 359/1; Richtlinie 90/239/EWG des Rates vom 17. Mai 1990 zur Angleichung der Rechts- und Verwaltungsvorschriften der Mitgliedstaaten über den höchstzulässigen Teergehalt von Zigaretten, ABl. 1990 L 137/36; Richtlinie 2001/37/EG des Europäischen Parlaments und des Rates vom 5. Juni 2001 zur Angleichung der Rechts- und Verwaltungsvorschriften der Mitgliedstaaten über die Herstellung, die Aufmachung und den Verkauf von Tabakerzeugnissen, ABl. 2001 L 194/26; aktuell geltend Richtlinie 2014/40/EU des Europäischen Parlaments und des Rates vom 3. April 2014 zur Angleichung der Rechts- und Verwaltungsvorschriften der Mitgliedstaaten über die Herstellung, die Aufmachung und den Verkauf von Tabakerzeugnissen und verwandten Erzeugnissen und zur Aufhebung der Richtlinie 2001/37/EG, ABl. 2014 L 127/1.

22 EuGH, Rs. C-376/98, Deutschland/Europäisches Parlament und Rat.

23 EuGH, Rs. C-380/03, Deutschland/Europäisches Parlament und Rat.

Dabei ging es nicht nur um die – mittlerweile entschiedene – Frage, ob die EU die Kompetenz besitzt, europaweite Werbeverbote zu installieren. Vielmehr wurde vor allem um die Vereinbarkeit von Werbeverboten mit den EU-Grundrechten gestritten. Auffällig ist übrigens ein besonderes Engagement Deutschlands in dieser Angelegenheit, das gleich zweimal Nichtigkeitsklage[24] gegen EU-Werbeverbote für Tabakerzeugnisse erhoben hat. Das hat mit dem besonderen Stellenwert zu tun, den Grundrechte und speziell auch das Verhältnismäßigkeitsprinzip hierzulande besitzen.

Zur großen werberechtlichen Verbotswelle ist es für andere vermeintliche „Problemlebensmittel", d.h. Lebensmittel mit hohem Zucker-, Fett- oder Salzgehalt, auf EU-Ebene dennoch nicht gekommen. Unter dem öffentlichen Radar segeln außerdem die differenzierten EU-Werbebeschränkungen für Alkohol. Werbung darf demnach z.B. nicht an Minderjährige gerichtet werden, keine Verbindung zwischen einer Verbesserung der physischen Leistung und Alkoholgenuss herstellen usw. Diese Regelungen wurden bereits durch die Fernseh-Richtlinie 89/552/EWG eingeführt und werden heute in der AVMD-Richtlinie 2010/13/EU fortgeführt.

Zu einem Paradigmenwechsel kam es schließlich durch die Health Claims-Verordnung 1924/2006. Diese brach systemisch mit dem Grundsatz, dass sichere Lebensmittel mit wahren und nicht irreführenden Angaben frei beworben werden dürfen – und wurde deshalb konsequenterweise auch wieder von einer Vorlage aus Deutschland an den EuGH rechtlich bekämpft. Die Verordnung reguliert neben Etikettierungsfragen auch die Werbung. Sie ist deshalb hier insofern erwähnenswert, als sie nährwertbezogene und gesundheitsbezogene Werbeaussagen in Bezug auf sichere Lebensmittel einem komplexen präventiven Verbotsregime mit einer Möglichkeit zur Erlaubnis unterwirft.

V. Schutz der Werbefreiheit (gegen die Mitgliedstaaten) durch die EU-Grundfreiheiten

Das EU-Recht schützt die freie Werbung für Lebensmittel jedoch auch.

---

24 Vgl. Fn. 22 und 23.

1. Abgrenzung Grundfreiheiten und Grundrechte

Die EU-Grundfreiheiten, insbesondere die Warenverkehrsfreiheit, spielten lange Zeit eine zentrale Rolle bei der Durchsetzung von Werbefreiheit in Europa und halfen dabei, überkommene nationale Werbebeschränkungen im Lebensmittelsektor einzureißen. Sie erfassen Behinderungen, die aufgrund von Werbeverboten im Wirtschaftsverkehr „zwischen den Mitgliedstaaten" (vgl. Art. 34 und 36 AEUV) bestehen, also primär von den Mitgliedstaaten ausgehen.

Vorstellbar wäre zwar, die Grundfreiheiten auch auf Werbebeschränkungen anzuwenden, die durch EU-Sekundärrecht geschaffen wurden. Da die EU jedoch einheitliches Recht setzt, das typischerweise keine marktspaltende Wirkung „zwischen den Staaten" entfaltet, sind hierfür in aller Regel nicht die Grundfreiheiten, sondern die EU-Grundrechte der richtige Maßstab.[25] Das entspricht auch der EuGH-Judikatur zu EU-rechtlichen Werberegelungen.[26]

2. Diskriminierende und nichtdiskriminierende nationale Werbevorschriften

Diskriminierende nationale Werbevorschriften, d. h. solche, die die Werbung speziell für ausländische Produkte einschränken, spielen in der EU-Praxis praktisch keine Rolle mehr.[27] Die EU-rechtlichen Streitigkeiten um nationales Werberecht konzentrierten sich deshalb zuletzt auf nichtdiskriminierende Werbevorschriften. Mit dem *Keck*-Urteil von 1993 stellte sich dann die Frage, ob das in Art. 34 AEUV enthaltene Verbot von „Maßnahmen gleicher Wirkung" auf derartige Vorschriften überhaupt anwendbar ist.[28] Nach dieser EuGH-Entscheidung sollen nationale Vorschriften, die lediglich „Verkaufsmodalitäten" für Waren regeln und nicht-diskriminierender Natur sind, nicht geeignet sein, den innergemeinschaftlichen Handel zu behindern.

Demnach dürften allgemeine Werbevorschriften, die lediglich die Anpreisung von Produkten, nicht jedoch die Etikettierung und Ver-

---

25 Vgl. *Gundel*, § 8 Lebensmittelrecht, in: *Ruffert* (Hrsg.), Europäisches Sektorales Wirtschaftsrecht² (2020) Rn. 35 ff.

26 Zur Health Claims-VO etwa EuGH, Rs. C-544/10, Deutsches Weintor, Rn. 46.

27 Eine Ausnahme bildete die bereits erwähnte Rs. 152/78, Kommission/Frankreich.

28 EuGH, verb. Rs. C-267/91 und C-268/91, Keck und Mithouard, Rn. 15 ff.

packung von Lebensmitteln regeln, eigentlich nicht (mehr) warenverkehrsrelevant sein, da Werbung ein Instrument der Verkaufsförderung, also eine „Verkaufsmodalität" ist. Der EuGH hat sich hierzu jedoch nicht klar geäußert. Er hat lediglich angedeutet, dass nationale Werbebeschränkungen, die die Durchführung einer europaweiten Produktwerbestrategie behindern und zusätzliche Werbekosten in einem Staat verursachen, den Marktzugang für die betreffenden Produkte erschweren und deshalb gegen die Warenverkehrsfreiheit verstoßen können.[29] Außerdem hat er Werbeverbote in TV-Medien für bestimmte Produkte als mit Art. 34 AEUV unvereinbare Marktzugangshindernisse qualifiziert, weil die Werbung in solchen Medien die einzig wirksame Form der Absatzförderung sein kann, um in einen nationalen Markt einzudringen.[30]

3. Konzept des mündigen Verbrauchers

Gestützt auf die Warenverkehrsfreiheit hat der EuGH schließlich das deutsche Irreführungsrecht zerlegt, auf dem das deutsche Werberecht weitgehend basierte. Dabei ging es meist um Werbung für Lebensmittel, so auch in den Leitentscheidungen *Mars*[31] oder *Sauce Béarnaise.*[32] Der EuGH entwickelte bekanntlich das Konzept des „verständigen", „mündigen" bzw. „autonomen" Verbrauchers, um mit dem damaligen nationalen Werberecht aufzuräumen, das häufig nur dazu diente, nationale Verbrauchergewohnheiten zu zementieren und deshalb protektionistische Wirkung entfaltete.[33]

Viele der diesbezüglichen Aussagen des Gerichtshofs beziehen sich auf das Kennzeichnungsrecht und gehen von der Annahme aus, dass die Verbraucher die Produktbeschreibungen von Lebensmitteln auch tatsächlich lesen. Sie lassen sich deshalb nicht auf alle Aspekte der Produktwerbung, also etwa auf Online- oder TV-Werbung, übertragen. Gleichwohl lässt sich der EuGH-Judikatur der Gedanke entnehmen,

29 EuGH, Rs. C-470/93, Mars, Rn. 13.

30 EuGH, verb. Rs. C-34/95, C-35/95 und C-36/95, de Agostini, Rn. 43 f.; Rs. C-405/98, Gourmet International Products, Rn. 19 f.

31 EuGH, Rs. C-470/93, Mars, Rn. 24.

32 EuGH, Rs. C-51/94, Kommission/Deutschland, Rn. 34 f.

33 Vgl. EuGH *Kramme*, Das Verbraucherleitbild des EuGH als Ausgangspunkt der juristischen Entwicklung, in: *Schmidt-Kessel/Germelmann* (Hrsg.), Verbraucherleitbilder – Zwecke, Wirkweisen und Maßstäbe (2016) 76.

dass übertriebene Anforderungen, die das nationale Irreführungsrecht an Lebensmittelwerbung stellt, die Grundfreiheiten verletzen und sachlich nicht gerechtfertigt und für den Schutz eines europäischen mündigen Verbrauchers nicht erforderlich und damit unverhältnismäßig sind.[34]

Mittlerweile wurden die einschlägigen Fragen zum nationalen Werberecht weitgehend im Lichte der Warenverkehrsfreiheit ausjudiziert. Der vom EuGH verwendete Test des mündigen Verbrauchs spielt in der Praxis keine große Rolle mehr. Allerdings wurden durch die Verbraucherschutzjudikatur des Gerichtshofs vielleicht falsche Hoffnungen in Bezug auf eine umfassende Gewährleistung der Werbefreiheit durch das EU-Recht geweckt, die später durch die Health Claims-Verordnung und andere EU-werberechtliche Beschränkungen enttäuscht wurden.

4. Differenzierte Judikatur in Bezug auf nationale Werbebeschränkungen, die nicht protektionistischer Natur sind

Tatsächlich hat sich gezeigt, dass das Verbraucherleitbild in der EU-Praxis differenzierter ist, als es den Anschein hat, speziell in Bezug auf den Lebensmittelsektor.[35] Auch der Gerichtshof hat aus den verschiedenen Situationen, in denen sich bestimmte Verbrauchergruppen befinden können, seine Schlüsse gezogen und deshalb unterschiedliche Verbraucherschutzstandards angewendet. Er hat dabei teilweise auch auf einen eher „verantwortlichen" oder „vertrauenden" Verbraucher abgestellt.[36]

Entsprechend zeigte sich der Gerichtshof seit dem Ende der 90er Jahre offener für nationale Werbeverbote, die nicht-protektionistischer Natur sind. Das gilt vor allem für solche, die sich an Werberegelungen anlehnen, die in EU-Rechtsakten enthalten sind. So hielt er nationale

34 So war das in EuGH, Rs. C-470/93, Mars, Rn. 24 f. fragliche Verbot von Anpreisungen für Eiscremeriegel von Mars mit dem Hinweis „+ 10 %" unverhältnismäßig.

35 Hierzu *Schäfer*, Die beginnende Vermischung mit der politischen Formel beim Täuschungsschutz bei Lebensmitteln, in: *Schmidt-Kessel/Germelmann* (Hrsg.), Verbraucherleitbilder – Zwecke, Wirkweisen und Maßstäbe (2016) 102 ff.

36 Vgl. *Schmidt-Kessel/Germelmann*, Funktionen und Funktionsweisen des Leitbilds, in: *Schmidt-Kessel/Germelmann* (Hrsg.), Verbraucherleitbilder – Zwecke, Wirkweisen und Maßstäbe (2016) 25ff, 65ff; *Kramme* in: *Schmidt-Kessel/Germelmann*, 76, 79 f.

Verbote der TV-Werbung, die sich an bestimmte Zielgruppen wendet (Kinder)[37] oder die sich auf bestimmte Produkte bezieht (Alkohol),[38] zum Schutz der Jugend bzw. dem der Gesundheit für gerechtfertigt, möglicherweise, weil bereits die Fernseh-Richtlinie von 1989 die Möglichkeit für derartige Verbote eröffnete.

An dieser Stelle ist darauf hinzuweisen, dass in den Mitgliedstaaten durchaus unterschiedliche Vorstellungen über Werbefreiheit herrschen und dass die liberale deutsche Sichtweise keineswegs von der Mehrheit der Mitgliedstaaten geteilt wird. Das beeinflusst in einer EU, die das Produkt ihrer Mitglieder ist, auch die Auslegung des EU-Rechts und zeigt sich insbesondere in der Grundrechtsjudikatur des EuGH.[39] Abgesehen von Irreführungsfällen dürften in den letzten Jahren nationale Werbebeschränkungen für spezifische Produkte oder in Bezug auf bestimmte Zielgruppen kaum mehr von EU-Gerichten unter Hinweis auf die Grundfreiheiten beanstandet worden sein. Insofern ist zweifelhaft, ob ein nationales Kinder-Lebensmittel-Werbegesetz oder ein Verbot für Werbemaßnahmen für Lebensmittel mit hohem Zucker-, Fett- oder Salzgehalt im TV unter Verweis auf die Grundfreiheiten vor dem EuGH gekippt werden könnte.[40]

VI. Schutz der Werbefreiheit (gegen die EU) durch EU-Grundrechte

Die Hauptgefahr für die Werbefreiheit geht heute von Rechtsakten der EU selbst aus. Vor unangemessenen Werbeverboten der EU können die EU-Grundrechte schützen.

1. Grundrechtsdefizite?

In dem bereits erwähnten EuGH-Verfahren in der Rs. *Winzersekt* wurde erstmals eine EU-rechtliche Werbebeschränkung anhand der EU-Grundrechte geprüft, allerdings nur kursorisch. Die Art und Weise,

37 EuGH, verb. Rs. C-34/95, C-35/95 und C-36/95, de Agostini, Rn. 45 f.

38 EuGH, Rs. C-405/98, Gourmet International Products, Rn. 27 ff.; entsprechend Rs. C429/02, Bacardi France, Rn. 36 ff. zur Dienstleistungsfreiheit.

39 Etwa EuGH, Rs. C-544/10, Deutsches Weintor, Rn. 49, in der der Gerichtshof darauf verweist, dass er schon früher nationale Werbebeschränkungen für Alkohol als legitim und mit den Grundfreiheiten vereinbar betrachtet hatte.

40 Vgl. aber *Burgi*, Das geplante Kinder-Lebensmittel-Werbegesetz (KLWG) auf dem Prüfstand von GG und AEUV, ZLR 2023, 586.

wie der EuGH die Berufung der von der streitigen Schaumwein-Verordnung betroffenen Winzer auf europäische Grundrechte regelrecht abbürstete, stieß vor allem in Deutschland, das sich seit jeher als Anwalt eines hohen grundrechtlichen Schutzniveau in der EU versteht, zu Recht auf heftige Kritik. Die *Winzersekt*-Entscheidung weckte den irritierenden Eindruck, dass EU-Werbeverbote praktisch keiner effektiven grundrechtlichen Kontrolle durch den Gerichtshof unterzogen werden würden.[41]

Diese Praxis ist vor dem Hintergrund, dass die EU seit 2009 über eine eigene, rechtsverbindliche Grundrechtecharta verfügt, an der sich das Handeln des EU-Gesetzgebers messen lassen muss (Art. 6 Abs. 1 EUV und Art. 51 Abs. 1 GRCh), heute nicht mehr vertretbar. Die Grundrechte, ihre Schranken sowie deren Grenzen haben durch die GRCh klarere Konturen erhalten. Diese Entwicklung hat den EuGH immerhin dazu veranlasst – zumindest in einigen Rechtsbereichen –, Grundrechtseingriffe durch den EU-Gesetzgeber konsequenter zu überprüfen.[42]

Die Frage, wo die Werbefreiheit grundrechtlich beheimatet ist, ist auch auf EU-Ebene[43] relevant. In Betracht kommen Art. 11 (Meinungsfreiheit), aber auch Art. 15 (Berufsfreiheit) bzw. Art. 16 GRCh (unternehmerische Freiheit). Dabei ist hinzuzufügen, dass sich der EuGH bei der Anwendung dieser Grundrechte am Vorbringen der Verfahrensbeteiligten orientiert. Es hängt also auch von diesen ab, ob sich ein Urteil mehr auf die unternehmerische Freiheit bzw. die Berufsfreiheit[44] oder auf die Meinungsfreiheit[45] stützt. Prinzipiell sind beide Grundrechte parallel anwendbar.

---

41 *Nettesheim*, Grundrechtliche Prüfdichte durch den EuGH, EuZW 1995, 106.

42 EuGH, verb. Rs. C-92/09 und 93/09, Schecke und Eifert/Hessen, Rn. 45 ff.; hierzu *Schroeder*, Neues zur Grundrechtskontrolle in der Europäischen Union, EuZW 2011, 462.

43 Ähnlich in Deutschland unter dem GG vgl. *Burgi*, Werbeverbote für Lebensmittel aufgrund ihres Zucker-, Fett- oder Salzgehalts als Eingriffe in die Kommunikations- und Wirtschaftsverfassung des Grundgesetzes und des Vertrags über die Arbeitsweise der Europäischen Union (2023) 29 ff.

44 EuGH, Rs. C-306/93, SMW Winzersekt, Rn. 20 ff.; EuGH, Rs. C-544/10, Deutsches Weintor, Rn. 43 ff.

45 EuGH, Rs. C-157/14, Neptune Distribution, Rn. 63 ff.

2. Meinungsfreiheit

Ein Recht auf Wirtschaftswerbung ist jedenfalls Bestandteil der nach Art. 11 GRCh EU-rechtlich geschützten Meinungsfreiheit, wie der EuGH in der Rs. *Neptune Distribution* in Bezug auf die Bewerbung eines Mineralwassers als „salzarm" festgestellt hat.[46] Dieser Claim wurde von den französischen Überwachungsbehörden als unzulässige nährwertbezogene Angabe gemäß der Health Claims-Verordnung 1924/2006 beanstandet. In dem Verfahren machte der Mineralwasserhersteller daraufhin geltend, die Health Claims-Verordnung verstoße unter anderem gegen Art. 11 GRCh.

Nach Auffassung des EuGH stellt das Verbot der Werbung für Mineralwasser mit Angaben zu einem niedrigen Natriumgehalt einen Eingriff in die Freiheit der Meinungsäußerung dar, der jedoch gerechtfertigt ist. Die Möglichkeit hierzu eröffnet Art. 52 Abs. 1 GRCh, der Grundrechtseingriffe der Union gestattet, sofern diese (1) eine gesetzliche Grundlage im EU-Recht haben, (2) ein legitimes Ziel verfolgen und (3) nicht unverhältnismäßige Maßnahmen zur Verfolgung dieses Ziels einsetzen. Formal folgt die EU-Grundrechteprüfung damit der Struktur, die deutsche Gerichte bei der Grundrechtsprüfung unter dem GG anwenden.

Anders als in der Judikatur des BVerfG findet sich jedoch in jener des EuGH meist keine konsequente Verhältnismäßigkeitsprüfung. Das gilt auch für das Urteil *Neptune Distribution*. Hier verwies der Gerichtshof zunächst pauschal auf den durch die Health Claims-Verordnung angestrebten Schutz der Gesundheit und der Information der Verbraucher und darauf, dass die Verordnung schon deshalb nicht unverhältnismäßig sei (auch wenn er dabei formal auf den Wesensgehalt abstellte), weil sie nur einen „klar abgegrenzten Bereich" der Werbung regele. Vermutlich bezog sich letztere Aussage auf das Kriterium der Angemessenheit, welches verlangt, dass der EU-Gesetzgeber einen gerechten Ausgleich zwischen den kollidierenden Interessen und Rechten aller Stakeholder vornimmt. Dass die von der Health Claims-Verordnung angeordnete Werbebeschränkung geeignet und erforderlich ist, wurde vom EuGH schlichtweg unterstellt. Und schließlich zog er der gebo-

46 Unter Verweis auf die Rechtsprechung des EGMR zu Art. 10 EMRK, vgl. EGMR, Casado Coca/Spanien, Nr. 1545/89, Rn. 35 f.; EGMR, Krone Verlag GmbH & Co. KG/Österreich (Nr. 3), Nr. 39069/97, Rn. 19 und 20.

tenen konkreten Abwägung der Interessen im Einzelfall den Boden unter den Füßen mit dem Hinweis weg, dabei seien vom EU-Gesetzgeber „komplexe Beurteilungen“ vorzunehmen, weshalb ihm ein weites Ermessen einzuräumen sei.[47] Bereits früher hat der Gerichtshof ähnlich argumentiert, es gebe kaum einen „Bereich, der so komplex und wandelbar ist wie die Werbung“.[48] Verdient der Werbesektor wegen dieser Besonderheiten jedoch keinen rechtlichen Schutz?

3. Unternehmerische Freiheit

Dieses problematische Verständnis von Verhältnismäßigkeit setzt sich bei der Auslegung von Art. 16 GRCh fort, in dem die „unternehmerische Freiheit“ als EU-Grundrecht anerkannt wird. In der Rs. *Deutsches Weintor*, dem leading case zur Verankerung der Werbefreiheit in der unternehmerischen Freiheit, ging es um die Frage, ob eine Winzergenossenschaft aus Rheinland-Pfalz ihre Weine unter der Bezeichnung „Edition Mild“ mit dem Zusatz „sanfte Säure“ und „bekömmlich“ vermarkten durfte. Nach Ansicht der zuständigen Überwachungsbehörde handelt es sich bei dieser Bezeichnung um eine „gesundheitsbezogene Angabe“ im Sinne der Health Claims-Verordnung 1924/2006, die bei alkoholischen Getränken unzulässig ist.

Die Winzergenossenschaft berief sich in ihrer Klage gegen diese Entscheidung auf Art. 16 GRCh, nicht (auch) auf Art. 11 GRCh. Sie hatte damit insofern Erfolg, als der EuGH ihr bescheinigt, dass die Vorschrift nicht nur die Aufnahme, sondern alle Aspekte der Durchführung der unternehmerischen Betätigung inklusive der Werbung erfasst.[49] Beschränken EU-rechtliche Vorschriften wie die Health Claims-Verordnung die Werbefreiheit, liegt daher ein Eingriff in die unternehmerische Freiheit vor.[50]

Das Problem liegt jedoch auch bei der Gewährleistung der Werbefreiheit für Unternehmen auf der Rechtfertigungsebene. Die Grundrechtsschranken und das für deren Auslegung maßgebliche Verhältnismäßigkeitsprinzip (vgl. Art. 52 Abs. 1 GRCh) werden vom EuGH auch bei Art. 16 GRCh nicht allzu streng angewendet. So verweist der Gerichts-

---

47 EuGH, Rs. C-157/14, Neptune Distribution, Rn. 71 ff.

48 EuGH, Rs. C-380/03, Deutschland/Europäisches Parlament und Rat, Rn. 155.

49 EuGH, Rs. C-544/10, Deutsches Weintor, Rn. 42 ff; das bestätigen EuGH, Rs. C-157/14, Neptune Distribution, Rn. 67 sowie Rs. C-477/14, Pillbox, Rn. 156.

50 Bereits anerkannt in EuGH, Rs. C-309/93, SMW Winzersekt, Rn. 24.

hof bei der Prüfung der Health Claims-Verordnung darauf, die unternehmerische Freiheit sei „nicht absolut gewährleistet", sondern „im Zusammenhang mit [der] gesellschaftlichen Funktion" des Unternehmertums zu sehen.[51] Die unternehmerische Freiheit, so postuliert er bei anderer Gelegenheit apodiktisch, könne „einer Vielzahl von Eingriffen der öffentlichen Gewalt unterworfen werden".[52] Der EuGH erinnert außerdem daran, dass die Anforderung an die Rechtfertigung von reinen Berufsausübungsbeschränkungen – und darum geht es bei Werbeverboten – nicht sehr hoch sind.[53]

4. Fazit zum EU-grundrechtlichen Schutz der Werbefreiheit

Festzuhalten ist, dass sich der Grundrechtsschutz für die Werbewirtschaft auf EU-Ebene seit der Entscheidung in der Rs. *SMW Winzersekt* vor 30 Jahren nicht substantiell verbessert hat. Die Hinweise in der neueren Judikatur des EuGH, die Einschränkung der in der GRCh geschützten Grundrechte müsse sich auf das „absolut Notwendige beschränken"[54] und den von der EU verfolgten Zielen könne nicht per se der Vorrang vor den betroffenen Grundrechten zuerkannt werden,[55] gelten vor allem für den Datenschutz und für höchstpersönliche Freiheitsrechte, aber nicht unbedingt für Wirtschaftsgrundrechte und offenbar auch nicht für die Werbefreiheit.

Gewisse Hoffnung könnte der Hinweis in der EuGH-Judikatur wecken, dass den werbenden Unternehmen durch das „Verbot der fraglichen Angaben bezüglich eines konkreten Aspekts [zwar] bestimmte Beschränkungen auferlegt werden, doch [...] die Beachtung der wesentlichen Aspekte dieser Freiheiten sichergestellt [sei]" bzw. die Feststellung, dass die Health Claims-Verordnung „sich darauf beschränke [für bestimmte Produkte] innerhalb eines klar abgegrenzten Bereichs die Etikettierung und Werbung zu regeln."[56] Das könnte bedeuten, dass

---

51 EuGH, Rs. C-544/10, Deutsches Weintor, Rn. 54; Rs. C-157/14, Neptune Distribution, Rn. 66.

52 EuGH, Rs. C-477/14, Pillbox 38, Rn. 158; Rs. C-134/15, Lidl, Rn. 34.

53 EuGH, Rs. C-306/93, SMW Winzersekt, Rn. 24 ff.; Rs. C-544/10, Deutsches Weintor, Rn. 54 ff.; Rs. C-314/12, UPC Telekabel Wien, Rn. 51 ff.; Rs. C-157/14, Neptune Distribution, Rn. 71.

54 EuGH, verb. Rs. C-92/09 und C-93/09, Schecke und Eifert/Hessen, Rn. 77, 86.

55 EuGH, verb. Rs. C-92/09 und C-93/09, Schecke und Eifert/Hessen, Rn. 85; vgl. *Schroeder*, EuZW 2011, 462.

56 EuGH, Rs. C-544/10, Deutsches Weintor, Rn. 56 f.

der EuGH umfassende EU-Werbeverbote anders bewertet als punktuelle Werbebeschränkungen. Bereits anlässlich der Tabakwerbeverbote hatte der Gerichtshof festgestellt, dass noch etwas von der Werbefreiheit übrigbleiben muss, andernfalls wäre das Verhältnismäßigkeitsprinzip verletzt.[57]

VII. Resümee

Die Werbefreiheit ist in den europäischen Verträgen in verschiedener Hinsicht abgesichert, gegenüber den Mitgliedstaaten durch die Grundfreiheiten und gegenüber dem EU-Gesetzgeber durch die Grundrechte. In letzterer Hinsicht darf man aber nicht zu viel erwarten.

Das Leitbild des verständigen Verbrauchers, das der EuGH bei Werbebeschränkungen der Mitgliedstaaten meist anwendet, kommt bei entsprechenden Maßnahmen der EU nicht zur Anwendung. Eine unterschiedliche rechtliche Behandlung beider Konstellationen mag zwar grundsätzlich nachvollziehbar sein, weil sich diese in unterschiedlicher Weise auf den Binnenmarkt auswirken. Man kann deshalb bei der Verhältnismäßigkeitsprüfung einer nationalen Werberegelung, die protektionistische Wirkung hat, durchaus zu anderen Ergebnissen kommen, als bei einer entsprechenden Werbebeschränkung, die einheitlich in der ganzen EU gilt. Aber einerseits zu postulieren, dass Verbraucher mündig sind und daher keines Schutzes durch Werbebeschränkungen des nationalen Rechts bedürfen, diese Idee jedoch andererseits gegenüber Werbebeschränkungen durch das EU-Recht hartnäckig zu ignorieren, zeugt von einer gewissen Schizophrenie.

Diese Janusgesichtigkeit des EU-Werberechts zeigt sich überdeutlich am Verbot gesundheitsbezogener Angaben in Bezug auf Lebensmittel. In der Rs. *Kommission/Österreich* befand der Gerichtshof 2003, dass das österreichische Verbot gesundheitsbezogener Angaben in Bezug auf Lebensmittel gegen Art. 34 AEUV verstößt und auch nicht sachlich gerechtfertigt werden kann, obwohl dieses Verbot keineswegs diskriminierend oder protektionistisch war. Denn, so der Gerichtshof, Gesundheitsrisiken ließen „sich nämlich durch weniger beschränkende Maßnahmen vermeiden, so insbesondere die Verpflichtung des Herstellers [...], in Zweifelsfällen die Richtigkeit der [...] Tatsachenbehaup-

57 EuGH, Rs. C-380/03, Deutschland/Europäisches Parlament und Rat, Rn. 129 ff.

tungen nachzuweisen".[58] Diesen überzeugenden Gedanken fand er, als er einige Jahre später das identische, auf europäischer Ebene durch die Health Claims-Verordnung eingeführte Verbot in der Rs. *Deutsches Weintor* prüfte, keiner Erwähnung mehr wert.[59] Durch diese und andere Entscheidungen ist der Eindruck entstanden, Werbefreiheit in Bezug auf Lebensmittel bestehe in der EU lediglich nach Maßgabe des EU-Sekundärrechts. Damit diese Situation nicht eintritt, müssen die von den Werbebeschränkungen betroffenen Akteure von ihren europäischen Grundrechten aktiv Gebrauch machen. Unternehmen oder Personen, die für Lebensmittel werben oder beworbene Lebensmittel herstellen oder vertreiben, haben ein Recht darauf, dass die Werbefreiheit in der EU effektiv gewährleistet und die GRCh insoweit konsequent angewendet wird.

58 EuGH, Rs. C-221/00, Kommission/Österreich, Rn. 49.
59 Er übernahm stattdessen weitgehend die Argumente des EU-Gesetzgebers, vgl. EuGH, Rs. C-544/10, Deutsches Weintor, Rn. 52 ff.

Herausforderungen der Akkreditierung am Bayerischen Landesamt für Gesundheit und Lebensmittelsicherheit (LGL)

Ulrich Busch*, Magnus Jezussek** und Roswitha Müller***

Validierung und Akkreditierung sind notwendig und unerlässlich für die amtliche Lebensmittelüberwachung und den gesundheitlichen Verbraucherschutz. Dabei muss der Aufwand zum Nutzen aber in einem angemessenen Verhältnis stehen.

Insgesamt sind die Ansprüche der DAkkS in den letzten Jahren stetig gestiegen und die Vorgaben immer aufwendiger geworden. Was vor einigen Jahren ausreichend war, genügt jetzt nicht mehr. Auch die individuellen Anforderungen einzelner Auditoren variieren stark. Es leiden die Planungssicherheit für die Labore und (im Einzelfall) die Nachvollziehbarkeit und die Akzeptanz gegenüber den geforderten Maßnahmen. Der Beitrag listet einige Kritikpunkte und zeigt mögliche Lösungsoptionen auf.

Das Bayerische Landesamt für Gesundheit und Lebensmittelsicherheit (LGL), als zentrale Fachbehörde des Freistaat Bayern, untersucht und beurteilt Proben, die im Rahmen der amtlichen Lebensmittelüberwachung entnommen werden. Das LGL ist damit ein essentieller Bestandteil der amtlichen Kontrollen im gesundheitlichen Verbraucherschutz. Gemäß der Verordnung (EU) 2017/625 müssen amtliche Laboratorien nach der DIN EN ISO/IEC 17025 akkreditiert sein. Zentrale Akkreditierungsstelle in Deutschland ist die Deutsche Akkreditierungsstelle GmbH (DAkkS) (Abbildung 1).

---

* **Prof. Dr. Ulrich Busch**, Abteilungsleiter des Landesinstitutes für Lebensmittel und kosmetische Mittel am Bayerischen Landesamt für Gesundheit und Lebensmittelsicherheit (LGL).

** **Dr. Magnus Jezussek**, Bayerisches Landesamt für Gesundheit und Lebensmittelsicherheit (LGL).

*** **Dr. Roswitha Müller**, Bayerisches Landesamt für Gesundheit und Lebensmittelsicherheit (LGL).

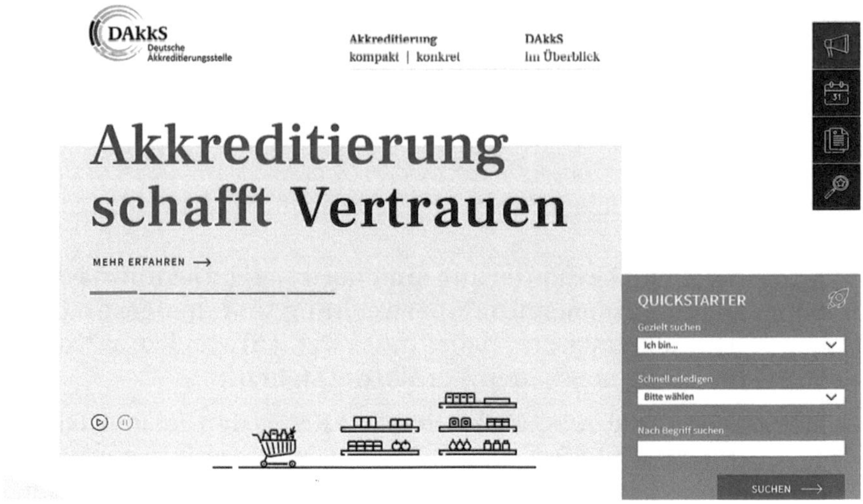

Abbildung 1: https://www.dakks.de/de/home.html

Das LGL ist u.a. nach der DIN EN ISO/IEC 17025 akkreditiert (Abb. 2)

Anlage zur Akkreditierungsurkunde D-PL-19082-02-00 nach DIN EN ISO/IEC 17025:2018

Gültig ab: 16.10.2024

Ausstellungsdatum: 16.10.2024

Inhaber der Akkreditierungsurkunde:

Bayerisches Landesamt für Gesundheit und Lebensmittelsicherheit
Eggenreuther Weg 43, 91058 Erlangen

Das Prüflaboratorium erfüllt die Anforderungen gemäß DIN EN ISO/IEC 17025:2018, um die in dieser Anlage aufgeführten Konformitätsbewertungstätigkeiten durchzuführen. Das Prüflaboratorium erfüllt gegebenenfalls zusätzliche gesetzliche und normative Anforderungen, einschließlich solcher in relevanten sektoralen Programmen, sofern diese in den Anlagen der nachfolgend aufgeführten Teil-Akkreditierungsurkunden ausdrücklich bestätigt werden.

D-PL-19082-02-01
D-PL-19082-02-02
D-PL-19082-02-03
D-PL-19082-02-04
D-PL-19082-02-05
D-PL-19082-02-06
D-PL-19082-02-07
D-PL-19082-02-08
D-PL-19082-02-09

Abbildung 2: Akkreditierung des LGL[1]

Durch eine Akkreditierung wird die Kompetenz der amtlichen Laboratorien geprüft, gewährleistet und anerkannt. Die Akkreditierung der DAkkS genießt einen hohen Stellenwert, da sie stets auch zur Verbesserung der Untersuchungsqualität beigetragen hat. Seit einigen Jahren bestehen jedoch erhebliche Probleme bei der Akkreditierung. Bereits seit 2019 wurde versucht, mit der DAkkS ins Gespräch zu kommen und die Probleme zu lösen, was aber bisher nicht gelungen ist.

Im Folgenden sollen einige der wesentlichen Punkte näher beschreiben werden.

1 Mittlerweile finden Gespräch zwischen der Lebensmittelüberwachung und DAkkS auf Fachebene statt.

1. Bearbeitungszeiten der DAkkS

Die Bearbeitungszeiten in den Akkreditierungsabläufen sind teilweise so lang, dass sie die Funktionsfähigkeit der amtlichen Lebensmittelüberwachung gefährden. Selbst wenn die erfolgreiche Begutachtung eines amtlichen Labors an sich abgeschlossen ist, vergehen mitunter Monate bis Jahre (!), bevor die Urkunde durch die DAkkS ausgestellt wird und das Labor seine beantragten und begutachteten Änderungen auch akkreditiert anwenden darf. Zum Teil kommt es im Rahmen des nachfolgenden Akkreditierungszyklus sogar zu Überschneidungen. Die Ausstellung der Urkunden dauert teilweise länger als ein Jahr, in der Zwischenzeit sind wir für neu beantragte Methoden nicht akkreditiert.

2. Mehrfach-Begutachtungen einzelner Bereiche

Einzelne Bereiche (z.B. Probenannahme, Elementanalytik, Molekularbiologie, Mikrobiologie) werden separat für die Prüfbereiche Lebensmittel, Wasser, Kosmetik, Bedarfsgegenstände und Futtermittel begutachtet. Dabei stach die Probenannahme am LGL mit 18 Begutachtungen, von jedem Auditor in seinem Prüfbereich hervor! Die Mehrfach-Begutachtung dieser Bereiche durch Auditoren verschiedener Fachbereiche ist sehr zeit- und kostenintensiv.

3. Erstellung der Urkundenanlage

Die Bearbeitung der Urkundenanlagen ist sehr zeitraubend, da die Urkundenanlagen viel zu differenziert (und damit komplex) sind. Bei der DNA-Analytik wird beispielsweise unterschieden, ob es sich um DNA aus Pilzen, Bakterien, GVO oder Tieren handelt. Die PCR-Methoden werden differenziert in real-time PCR, konventionelle PCR, LAMP und ddPCR sowie dann nochmal in Singleplex und Multiplex und diese nochmals in Nachweis (Screening) und Bestimmung (Quantifizierung). Beispielhaft wird hier auf die Anlage zur Teil-Akkreditierungsurkunde D-PL-19082-02-02 verwiesen, die aus insgesamt 61 Seiten besteht (Abb. 3)!

DAkkS Deutsche Akkreditierungsstelle

Anlage zur Teil-Akkreditierungsurkunde D-PL-19082-02-02

Prüfungen in den Bereichen:

physikalische, physikalisch-chemische, chemische, mikrobiologische, molekularbiologische, immunologische, sensorische und visuelle Untersuchungen von Lebensmitteln sowie Bedarfsgegenständen;
physikalische, physikalisch-chemische, chemische, mikrobiologische, molekularbiologische, immunologische und visuelle Untersuchungen von Futtermitteln sowie Tabak und Tabakerzeugnissen;
physikalische, physikalisch-chemische, chemische, mikrobiologische und visuelle Untersuchungen von Kosmetika;
immunologische und molekularbiologische Untersuchungen von Einrichtungs- und Bedarfsgegenständen im Bereich von gentechnischen Anlagen und Laboratorien;
molekularbiologische Untersuchungen von Saatgut und pflanzlichen Materialien;
mikrobiologische, immunologische und mikroskopische Untersuchungen von Wasser (Badegewässer, Kleinbadeteiche, Talsperrenwasser, Schwimm- und Badebeckenwasser, Trinkwasser, Oberflächengewässer);
Probenahme von Wasser (Badegewässer, Kleinbadeteiche, Talsperrenwasser, Schwimm- und Badebeckenwasser, Trinkwasser, Oberflächengewässer);
mikrobiologische Untersuchungen gemäß TrinkwV, Probennahme von Roh- und Trinkwasser;
physikalische, physikalisch-chemische und chemische Untersuchungen von Materialproben und spezifischen Verbraucherprodukten

Prüfungen in den Bereichen:
Gesundheitsversorgung (Krankenhaushygiene und Infektionsprävention); Veterinärmedizin; Arzneimittel und Wirkstoffe

Prüfgebiete:
Hygiene und Infektionsprävention, Mikrobiologie; Parasitologie; Pathologie; Virologie

Abbildung 3: Anlage zur Teilakkreditierungsurkunde des LGL

4. Verlässlichkeit der Begutachtung/Einheitliche Bewertungsmaßstäbe

Die Begutachtungen zeigen qualitativ stark differenzierte Vorgehensweisen und Ausführungen. Durchgeführte Anpassungen der Urkundenanlage wurden teilweise im Nachgang durch das Verfahrensmanagement oder den Akkreditierungsausschuss abgelehnt. Eine einheitliche Schulung der Begutachter wäre von Vorteil.

5. Verbesserung der Kommunikation der DAkkS gegenüber den Laboren

Es fehlen Informationsveranstaltungen für den gesundheitlichen Verbraucherschutz zu neuen Anforderungen der DAkkS und deren Auslegung (letzte Veranstaltung war 2019). Es gibt keine Kommunikation hinsichtlich häufig festgestellter Abweichungen, damit die Labore prüfen könnten, ob sie hier ebenfalls Handlungsbedarf hätten. Fachliche Fragen werden nicht oder sehr zeitversetzt beantwortet.

Auch von Seiten der unabhängigen Prüflaboratorien gibt es bereits seit Jahren Kritik an der Arbeit der DAkkS. Unter dem Titel: „Wer prüft die Prüfer" wird an der Umsetzung deutliche Kritik geäußert (Abb. 4).

WirtschaftsWoche

Dass es eine zentrale Akkreditierungsstelle gibt, finden eigentlich alle betroffenen Branchen richtig. An der Umsetzung gibt es aber teils Kritik. Zum Beispiel vom VUP. Prüflaboratorien hängen stark von der Akkreditierung durch die DakkS ab. Trinkwasserlabore oder Labore, die Vaterschaftstests anbieten, sind zum Beispiel gesetzlich dazu verpflichtet. „Manchmal warten unsere Mitglieder aber monatelang auf ihre Akkreditierungsurkunde, die sie brauchen, um gesetzliche Vorgaben oder Kundenausschreibungen zu erfüllen", berichtet Blöth. Die DakkS müsse effizienter und transparenter arbeiten. Auskünfte zu erhalten könne tagelang dauern, die Begutachtungen seien zunehmend formalistisch und stellten zu wenig das Praktische in den Vordergrund. Daran seien teils aber auch andere eingebundene Behörden Schuld, betont Blöth.

Abbildung 4: https://www.wiwo.de/unternehmen/dienstleister/deutsche-akkreditierungsstelle-wer-prueft-die-pruefer/26180204.html

Auch in der Kleinen Anfrage zur Arbeitsweise und Transparenz der Deutschen Akkreditierungsstelle[2] wurde deutliche Kritik geübt: „Wie die Fragesteller erfahren haben, werden aus Teilen der Wirtschaft Beschwerden über die Arbeitsweise der DAkkS geäußert. Darüber hinaus seien durch neue Anforderungen und Auflagen die Kosten der Akkreditierung so stark gestiegen, dass das Kosten-Nutzen-Verhältnis hinterfragt werden muss" (Abb. 5).

2 Deutscher Bundestag Drucksache 20/13097 20. Wahlperiode vom 30.09.2024.

Deutscher Bundestag **Drucksache 20/13097**

20. Wahlperiode 30.09.2024

Kleine Anfrage

der Fraktion der CDU/CSU

Arbeitsweise und Transparenz der Deutschen Akkreditierungsstelle (DAkkS)

Die Deutsche Akkreditierungsstelle (DAkkS) ist die alleinige nationale Akkreditierungsbehörde der Bundesrepublik Deutschland. Mit ihren Akkreditierungen werden Konformitätsbewertungsstellen in ihrer fachlichen Kompetenz, Verlässlichkeit, Unabhängigkeit und Integrität beurteilt und überwacht. Die europäisch harmonisierten Vorgaben dafür werden durch die Verordnung (EG) Nr. 765/2008 gemacht. In nationales Recht wird die hoheitliche Aufgabe mit der DAkkS als zuständige Behörde durch das Akkreditierungsstellengesetz (AkkStelleG) festgeschrieben (www.dakks.de/de/home.html).

Die Konformitätsbewertungsstellen sollen Vertrauen durch Laborprüfungen, Inspektionen und Zertifizierungen schaffen. Somit trägt die DAkkS durch Erfüllung ihres gesetzlichen Auftrags mittelbar dazu bei, Produkte, Verfahren und

Abbildung 5: https://dserver.bundestag.de/btd/20/130/2013097.pdf

Der Deutsche Verband Unabhängiger Prüflaboratorien (VUP) hat auf seiner Mitgliederversammlung 2024 in Saarbrücken eine Umfrage zur Dauer von Akkreditierungsverfahren gestartet. Diese Initiative ist Teil eines umfangreichen Arbeitspakets zur Verbesserung der Zahlen-, Daten- und Faktenlage rund um die Akkreditierung. Der Verband konzentriert sich zunächst auf die aktuellen Fragen zur Dauer von DAkkS-Prozessen (Abb. 6).

Wir warten gespannt auf die Ergebnisse.

Abbildung 6 : Homepage des VUP; https://vup.de/artikel.html?typ=i&id=4351

Zusammenfassung: Ein Paradigmenwechsel hinsichtlich der Akkreditierung erscheint als sinnvolle Lösung der aufgezeigten Fragen. Weg von rechtlich orientierter kleinteiliger Begutachtung hin zur Begutachtung der Methodenkompetenz und Ausstellung von Urkundenanlagen, die die Methodenkompetenz belegen. Wer GC-MS/MS in Lebensmitteln beherrscht, besitzt die Kompetenz dafür auch bei der Untersuchung anderer Produkte. Wer mikrobiologische Untersuchungen in Wurst kann, kann diese auch in anderen Lebensmitteln. Gleiches gilt für molekularbiologische Untersuchungen. Damit könnten die Begutachtungen methodenspezifisch ausgerichtet werden, die Urkundenanlagen stark verkürzt und vereinfacht und die Zeiten enorm reduziert werden.

Das Prinzip der gegenseitigen Anerkennung – Aktuelles und Grundsätzliches aus Anlass einer Verfassungsbeschwerde des BVL

Markus Möstl*

Das Prinzip der gegenseitigen Anerkennung und der Vermeidung von Doppelprüfungen ist ein zentrales Bauprinzip des europäischen Binnenmarktes. Das Lebensmittelrecht ist seit jeher eine bedeutende Referenzmaterie für diese Rechtsfigur.[1] Die aktuelle Verfassungsbeschwerde des Bundesamts für Verbraucherschutz und Lebensmittelsicherheit (BVL) in pflanzenschutzmittelrechtlichem Kontext[2] gibt Anlass, aufs Neue über Grund und Grenzen dieses – anspruchsvollen – Prinzips nachzudenken.

I. Anlass der Verfassungsbeschwerde

Schon die Einkleidung des Falles ist ungewöhnlich (der Staat als sich auf Grundrechte berufender Beschwerdeführer). Es ist jedoch anerkannt, dass sich der – grundsätzlich nicht grundrechtsberechtigte – Staat als Beteiligter eines Prozesses auf die justiziellen Gewährleistungen aus Art. 101 Abs. 1 Satz 2 und 103 Abs. 1 GG berufen kann.[3] Hier rügt das BVL (für den Bund) die Verletzung des Rechts auf den gesetzlichen Richter durch (willkürliche) Nichtvorlage einer unionsrechtlichen Frage an den EuGH. Das (nichtvorlegende) Niedersächsische Oberverwaltungsgericht ist im Rahmen der Ablehnung eines Berufungszulassungsantrags letztinstanzliches Gericht, das die Vorla-

1 Vgl. Sosnitza/Meisterernst/*Streinz* B. Rn. 183 ff.

2 Der Text der Verfassungsbeschwerde ist abrufbar unter https://fragdenstaat.de/anfrage/verfassungsbeschwerde-im-verfahren-1-bvr-1523-23/; anhängig unter Az. 1 BvR 1523/23.

3 Schmidt-Bleibtreu/Klein/Bethge/*Bethge* BVerfGG § 90 Rn. 161.

* **Prof. Dr. Markus Möstl**, Direktor der Forschungsstelle für Deutsches und Europäisches Lebensmittelrecht (FLMR) und Inhaber des Lehrstuhls für Öffentliches Recht und Wirtschaftsrecht an der Universität Bayreuth.

gepflicht nach Art. 267 Abs. 3 AEUV treffen und das so auch Art. 101 Abs. 1 Satz 2 GG verletzen kann.[4]

Der Streit um die Vorlagepflicht entzündet sich im Kontext der Frage, ob das BVL nach Art. 41 Abs. 1 VO (EG) Nr. 1107/2009 zur Anerkennung einer polnischen Zulassung eines Pflanzenschutzmittels verpflichtet ist. Die Anerkennungspflicht nach dieser Verordnung kennt nur eine einzige explizit geschriebene Ausnahme, die hier jedoch bei wörtlicher Auslegung nicht einschlägig ist (Art. 36 Abs. 3: Gesundheitsrisiken aufgrund spezifischer ökologischer oder landwirtschaftlicher Bedingungen im Anerkennungsstaat). Das BVL ist jedoch der Ansicht, dass es weitere (ungeschriebene bzw. im Wege der Auslegung zu ermittelnde/hineinzulesende) Ausnahmen von der Anerkennungspflicht gibt. Da das System der gegenseitigen Anerkennung (und des wechselseitigen Vertrauens) in der Verordnung auf der Prämisse basiere, dass von einem Mitgliedstaat nur Pflanzenschutzmittel zugelassen werden dürfen, deren Wirkstoffe zuvor von der Kommission (unionsweit) genehmigt worden seien (vgl. Art. 29 Abs. 1 a) der VO), sei es insbesondere ein legitimer Grund für die Versagung der Anerkennung, wenn ein Mitgliedstaat (hier Polen) ein Pflanzenschutzmittel zulasse, obwohl für seinen Wirkstoff gerade keine Genehmigung der Kommission (mehr) vorliegt.

Die Reichweite von derartigen Ausnahmen der prinzipiellen Anerkennungspflicht sei in der Rechtsprechung des EuGH nicht geklärt (der in Bezug auf Art. 36 Abs. 3 der VO bislang nur allgemein erklärt habe, es gebe nach der VO keinen Anerkennungsautomatismus). Das Niedersächsische Oberverwaltungsgericht habe daher zu Unrecht einen acte éclairé angenommen.

II. Beschluss des Niedersächsischen Oberverwaltungsgerichts

Das Niedersächsische Oberverwaltungsgericht hat ein Recht auf Verweigerung der Anerkennung aufgrund einer erneuten Prüfung der Rechtmäßigkeit der Zulassung durch den Anerkennungsstaat verneint.[5] Der Grundsatz der gegenseitigen Anerkennung sei ein rechtsgebietsübergreifender Grundsatz des Binnenmarktes. Auch soweit es an

4 Vgl. Grabitz/Hilf/Nettesheim/*Karpenstein* AEUV Art. 267 Rn. 54 ff.
5 OVG Lüneburg, Beschl. v. 3.7.2023 – 10 LA 116/22, NVwZ-RR 2024, 26.

spezieller Rechtsprechung zur Pflanzenschutzmittelverordnung fehle, könne auf Rechtsprechung aus anderen Rechtsgebieten (z. B. Arzneimittelrecht) zurückgegriffen werden. Hiernach sei aber geklärt, dass eine Verweigerung der Anerkennung nur aus den im einschlägigen Regelwerk explizit niedergelegten Gründen – und nicht wegen anderer Zweifel an der Rechtmäßigkeit der Erstzulassung – in Betracht komme. Alles andere würde dem Verfahren der gegenseitigen Anerkennung jeden Sinn nehmen und das Binnenmarktziel vereiteln (insoweit wird implizit ein Vorrang des Binnenmarktziels vor dem – von der rechtswidrigen Zulassung beeinträchtigten – Gesundheitsziel angenommen). Der Anerkennungsgrundsatz beruhe auf dem Prinzip gegenseitigen Vertrauens; solange es keine Anhaltspunkte für systemische Mängel in einem Mitgliedstaat gebe, bestehe im Anerkennungsmitgliedstaat daher kein Raum für eine Überprüfung der Rechtmäßigkeit der Erstzulassung.

Nichts anderes folge aus Erwägungsgrund 29 der VO (EG) Nr. 1107/2009: Dieser bekräftige vielmehr den Anerkennungsgrundsatz. Und soweit er (neben der Ausnahme des Art. 36 Abs. 3) eine Infragestellung des Anerkennungsmechanismus auch dann in Betracht ziehe, „wo das in dieser Verordnung vorgeschriebene hohe Schutzniveau für die Gesundheit nicht erreicht werden kann“ (falls man darin überhaupt einen eigenständigen Verweigerungsgrund sehen könne), habe das BVL ein solches „unannehmbares Risiko“[6] nicht nachgewiesen.

Auch dass die Behörde nach Anerkennung der Zulassung gemäß Art. 44 der VO möglicherweise zur Aufhebung der Zulassung befugt sein könnte, berechtige nicht zur Verweigerung der Anerkennung (im Sinne eines dolo agit-Einwandes). Vielmehr könne und müsse erst in einem etwaigen Aufhebungsverfahren geprüft werden, ob ausreichende Aufhebungsgründe bestünden.

III. Allgemeine Überlegungen zum Anerkennungsprinzip

Das Prinzip gegenseitiger Anerkennung und der Vermeidung von Doppelprüfungen ist ein unverzichtbares Instrument zur Herstellung eines funktionstüchtigen Binnenmarkts.[7] Freilich nimmt es (im Maße seiner Durchschlagskraft) dem Mitgliedstaat die Möglichkeit, diejenigen

6 OVG Lüneburg, Beschl. v. 3.7.2023 – 10 LA 116/22, NVwZ-RR 2024, 26 Rn. 19.
7 Vertiefend: *Möstl*, CMLaw Rev 47 [2010], 405.

Standards durchzusetzen, die er selbst zur Gewährleistung von Sicherheit, Gesundheit und sonstigen zwingenden Gemeinwohlinteressen für erforderlich hält; dies ist nicht unproblematisch, denn von seiner Fähigkeit, für Sicherheit und öffentliches Wohl zu sorgen, leitet der Staat seine Existenzberechtigung ab. Der Binnenmarkt kann nicht zum Ziel haben, dass die Erfüllung der klassischen Staatsaufgaben der Gewährleistung von Sicherheit, Gesundheit und öffentlichem Wohl unmöglich wird. Sonst verliert auch die Union ihre Legitimität.

Das Prinzip gegenseitiger Anerkennung ist vor diesem Hintergrund kein einfaches Konzept, sondern stets ein Balanceakt. Es gilt weder unbedingt noch grenzenlos, sondern ist an bestimmte Voraussetzungen und Schranken gebunden, die je nach dem jeweiligen Kontext, in dem das Anerkennungsprinzip zur Anwendung kommen soll, unterschiedlich ausfallen können.

Im Binnenmarkt (nur hiervon soll hier die Rede sein; andersgelagerte Kontexte, z. B. Anerkennungsfragen im Raum der Freiheit, der Sicherheit und des Rechts, bleiben außen vor) sind vor allem zwei Grundkonstellationen zu unterscheiden:

Der Anerkennungsgrundsatz gilt – in Abwesenheit harmonisierenden Sekundärrechts – schon kraft Primärrechts (Grundfreiheiten).[8] Er stellt insoweit aber (solange es an einer Harmonisierung der Schutzstandards fehlt) nicht das Recht der Mitgliedstaaten in Abrede, das relevante Schutzniveau festzulegen. Die Anerkennungspflicht greift daher weder automatisch noch unbedingt, sondern ist an die Voraussetzung gebunden, dass der vom Herkunftsmitgliedstaat gewährleistete Schutzstandard mit dem des Anerkennungsstaates funktional äquivalent ist (d. h. zu einem immerhin vergleichbaren – freilich nicht notwendig identischen – Schutz führt). Gerade auch die Cassis de Dijon-Rechtsprechung ist von einem beträchtlichen Maß an Rücksichtnahme auf das ursprüngliche Recht der Mitgliedstaaten geprägt, in ihrem Gebiet über das angemessene Schutzniveau in Bezug auf Gesundheit und andere zwingende Gemeinwohlgründe zu entscheiden. Speziell im Bereich des Gesundheitsschutzes sind, wenn eine echte Gefährdung des vom Anerkennungsmitgliedsstaat in verhältnismäßiger Weise festgesetzten Schutzniveaus nachgewiesen werden kann,

8 Grabitz/Hilf/Nettesheim/*Leible*/*T. Streinz* AEUV Art. 34 Rn. 71.

durchaus Spielräume für Anerkennungsverweigerungen gegeben (vgl. § 54 Abs. 1 Satz 2 Nr. 2, Abs. 2 LFGB).

Anerkennungspflichten können sodann sekundärrechtlich besonders statuiert werden (wie zum Beispiel in der Pflanzenschutzmittelverordnung). Der binnenmarktbezogene Mehrwert solcher sekundärrechtlichen Regelungen besteht insbesondere darin, dass hier auch „automatische" Anerkennungspflichten statuiert werden können (die dem Anerkennungsstaat keinen Spielraum mehr lassen, über das nötige Schutzniveau zu entscheiden und daher Anerkennungen unter Umständen zu verweigern). Ein derartiger Anerkennungsautomatismus setzt jedoch voraus, dass (anstelle der Mitgliedstaaten) nunmehr die Union mit ihrem Harmonisierungsrechtsakt für ein hinreichendes Maß an Schutz sorgt; er ist also ohne ein hinreichendes Maß an substantieller Harmonisierung der materiellen Schutzstandards nicht zu haben. Sorgt der Unionsgesetzgeber aber für ein ausreichendes Schutzniveau (bei der Pflanzenschutzmittelverordnung dürfte das der Fall sein), darf er die Mitgliedstaaten grundsätzlich auch dann zur Anerkennung verpflichten, wenn der Erstzulassungsstaat das vorgegebene Schutzniveau im Einzelfall aufgrund unrichtiger Rechtsanwendung verfehlt. Könnte die Rechtmäßigkeit der Rechtsanwendung vom Anerkennungsmitgliedstaat stets aufs Neue geprüft werden, verlöre der Anerkennungsgrundsatz (der ja auf eine Vermeidung von Doppelprüfungen zielt) in der Tat seinen Sinn. Daher ist es richtig, dass der Anerkennungsgrundsatz vom Grundsatz gegenseitigen Vertrauens (in Bezug auf die richtige Rechtsanwendung) flankiert sein muss. Auch dieser Grundsatz hat Grenzen, die im Einzelnen noch strittig sein mögen[9]; da diese im vorliegenden Fall aber wohl nicht überschritten waren (keine systemischen Mängel), muss dem nicht weiter nachgegangen werden.[10]

Zu bedenken ist jedoch, dass der europäische Gesetzgeber automatische Anerkennungspflichten unter den genannten Bedingungen zwar anordnen darf, dies aber nicht muss. Er darf auch dahinter zurückbleiben, darf Ausnahmen statuieren, die Anerkennung an bestimm-

9 Vgl. *L. v. Danwitz*, EuR 2020, 61.

10 Siehe vertiefend zum Vertrauensgrundsatz als Grundlage der gegenseitigen Anerkennung: *Streuber*, Gegenseitiges Vertrauen als Rechtsprinzip des Unionsrechts, S. 96 ff.; *Müller*, Der Grundsatz des gegenseitigen Vertrauens im Mehrebenensystem der Europäischen Union, S. 55 ff.

te Voraussetzungen binden etc.; wie hier vorgegangen wird, ist eine in hohem Maße auch politische, im Gesetzgebungsprozess zwischen EU-Organen und Mitgliedstaaten auszuhandelnde Frage. Für den Harmonisierungsgesetzgeber sind das Binnenmarktziel (Art. 114 Abs. 1 AEUV) und das Ziel eines hohen Gesundheitsschutzniveaus (Art. 114 Abs. 3 AEUV) grundsätzlich gleichrangige Ziele und er hat einen beträchtlichen Spielraum, wie er hier (im Konfliktfall) die Schwerpunkte setzt. Tatsächlich kennt die Gesetzgebungspraxis der Union daher die gesamte Bandbreite an Gestaltungsformen, von nur verfahrensmäßigen Erleichterungen der Anerkennung (ohne materielle Harmonisierung), die ansonsten aber kaum über das hinausgehen, was schon aus den Grundfreiheiten folgt (unterschiedliche Schutzniveaus der Mitgliedstaaten also weiter in Kauf nehmen; vgl. z. B. die AnerkennungsVO 2019/515), bis hin zu automatischen und unbedingten Anerkennungspflichten (auf der Basis anspruchsvoller Harmonisierung), die weit über das hinausgehen, was aus den Grundfreiheiten folgt; dazwischen sind sehr viele Gestaltungsformen denkbar. Und auch bzgl. der Strenge des Vertrauensgrundsatzes dürfte ein erheblicher Regelungsspielraum bestehen, und je nachdem, wie sehr der Unionsgesetzgeber selbst für aufwendige Streitbeilegungsmechanismen sorgt (wie im Arzneimittelrecht) oder nicht (wie im Pflanzenschutzrecht), wird man vielleicht von unterschiedlichen Standards ausgehen können. Die sekundärrechtliche Gesetzgebungspraxis kennt also sehr unterschiedlich stark oder schwach ausgeprägte Anerkennungspflichten.

Zweierlei folgt aus dem bis hierher Ausgeführten:

Die Annahme des Niedersächsischen Oberverwaltungsgerichts, dass es sich beim Anerkennungsprinzip um ein einheitliches (rechtsgebietsübergreifendes) Rechtsprinzip des Binnenmarktrechts handelt, bzgl. dessen problemlos von Judikaten zum einen Rechtsgebiet auf andere Rechtsgebiete geschlossen werden kann, erweist sich als fragwürdig. EU-Harmonisierungen können das Anerkennungsprinzip sehr wohl unterschiedlich ausgestalten.

Zudem ist es zu pauschal, im Kontext der Anerkennung von einem grundsätzlichen Vorrang des Binnenmarktziels vor dem jeweiligen Gemeinwohlziel auszugehen (bedingungslose Anerkennungspflicht zu Lasten des jeweiligen Gemeinwohlziels). Der Unionsgesetzgeber hat beide Ziele zu verfolgen, und er hat einen beträchtlichen Spielraum, wie er hier die Schwerpunkte setzt.

IV. EuGH-Entscheidung zu einer ähnlichen Anerkennungssituation

Vor diesem Hintergrund ist von höchstem Interesse, was der EuGH soeben in einem pflanzenschutzmittelrechtlichen Fall (also zur hier interessierenden VO Nr. 1107/2009) aus den Niederlanden entschieden hat.[11] Es ging dort um eine etwas anders gelagerte Anerkennungssituation, nämlich nicht um die Anerkennung der Zulassung eines Pflanzenschutzmittels (also die Anerkennung einer Risikomanagemententscheidung eines anderen Mitgliedstaates), sondern vorgelagert um die Anerkennung einer Risikobewertung eines anderen Mitgliedsstaates im Zuge eines Zulassungsprozesses. Ein Unternehmen hat in mehreren Ländern einen Zulassungsantrag gestellt (u. a. Niederlande), die hierzu nötige Risikobewertung wurde dann gemäß den Regeln der VO (Art. 36 Abs. 1 der Verordnung) von nur einem Mitgliedstaat (hier Irland) vorgenommen. Art. 36 Abs. 2 der Verordnung verpflichtet sodann alle Mitgliedstaaten zur Erteilung/Versagung der Zulassung „auf der Grundlage der Schlussfolgerungenaus der Bewertung" durch den (einen) Mitgliedstaat, der diese Bewertung durchgeführt hat. Die Niederlande wird also zur prinzipiellen Anerkennung der Risikobewertung Irlands verpflichtet (ist nicht mehr zu einer eigenen Risikobewertung berechtigt); hiervon gibt es nur eine explizite Ausnahme, nämlich die des Art. 36 Abs. 3 VO (EG) Nr. 1107/2009 (spezifische ökologische oder landwirtschaftliche Bedingungen im Anerkennungsmitgliedstaat), wie sie auch im BVL-Fall (der Anerkennung der Zulassung) gilt und dort nicht einschlägig war; sie war bei wörtlicher Auslegung auch hier nicht einschlägig.

Dennoch, obwohl der einzige geschriebene Verweigerungsgrund (bei enger Auslegung) nicht gegeben war, hat der EuGH den Niederlanden erlaubt, von der Anerkennung und Zugrundelegung der irländischen Bewertung abzusehen, weil diese (rechtswidrig) nicht gemäß den neuesten (sondern veralteten) Standards durchgeführt worden war; die Anerkennung durfte also aus Gründen der Rechtswidrigkeit der durchgeführten Bewertung verweigert werden.

11 EuGH, Urteil vom 25.4.2024 – Rs. C-308/22, BeckRS 2024, 8426; eine ähnliche Stoßrichtung weist EuGH, Urteil vom 25.04.2024 – Rs. C-309/22, C-310/22, BeckRS 2024, 8429 auf.

Der EuGH hat also nicht ausschließlich auf die in Art. 36 der Verordnung wortwörtlich niedergelegten Anerkennungsverweigerungsgründe abgestellt, sondern ausdrücklich betont, es müsse auch der „Kontext berücksichtigt werden, in den sich Art. 36 der Verordnung einfügt“[12]. Im Ergebnis wurde so im Wege der kontextbezogenen Auslegung ein weiterer Verweigerungsgrund in Art. 36 Abs. 3 VO (EG) Nr. 1107/2009 hineingelesen, der dem Mitgliedstaat erlaubt, von der Risikobewertung des anderen Mitgliedstaates abzuweichen, wenn dieser die neuesten verfügbaren Erkenntnisse und Standards nicht berücksichtigt hat und dadurch ein unannehmbares Gesundheitsrisiko bewirkt. Dies weicht deutlich von dem ab, was das Niedersächsische Oberverwaltungsgericht für richtig gehalten hat (das allein den explizit normierten Verweigerungsgrund akzeptierte).

Der EuGH hat zweitens auf das aus Art. 44 der VO folgende Recht und die Pflicht der Mitgliedstaaten hingewiesen, rechtswidrige Zulassungen wieder aufzuheben; im Maße einer späteren Aufhebungspflicht könne auch keine vorgängige Zulassungspflicht bestehen. Es wurde also genau jener dolo agit-Einwand akzeptiert, den das Niedersächsische Oberverwaltungsgericht verworfen hatte.

Ausdrücklich argumentiert wurde auch mit Erwägungsgrund 29 der Verordnung, der eine Verweigerung der Anerkennung ins Spiel bringt, wenn das Schutzniveau der VO verfehlt wird (auch dies mit deutlich anderer Stoßrichtung als das Niedersächsische Oberverwaltungsgericht, das angezweifelt hatte, ob das ein eigenständiger Verweigerungsgrund sein könnte).

Schließlich wurde die Zielsetzung der VO explizit so interpretiert, dass nach dem Willen des Gesetzgebers das Ziel des Gesundheitsschutzes im Zweifel Vorrang haben solle vor etwaigen wirtschaftlichen Zielen (auch dies anders als das Niedersächsische Oberverwaltungsgericht, das umgekehrt dem Binnenmarktziel einen höheren Stellenwert beigemessen hat).

Man wird also nicht leugnen können, dass im Lichte der neuen EuGH-Entscheidung die Annahme des Niedersächsischen Oberverwaltungsgerichts, seine Rechtsansicht entspreche gesicherter EuGH-Rechtsprechung, so dass sich eine Vorlage erübrige, sehr fragwürdig erscheint. Im Gegenteil legt die neue Entscheidung nahe, dass die Spiel-

12 EuGH, Urteil vom 25.4.2024 – Rs. C-308/22, BeckRS 2024, 8426 Rn. 61.

räume einer Anerkennungsverweigerung nach der Pflanzenschutzmittelverordnung wesentlich größer sind, als dies das OVG angenommen hat. Ob seine Rechtsansicht zur Nichtvorlagebedürftigkeit freilich in dem Maße „nicht mehr verständlich erscheint und offensichtlich unhaltbar ist“, dass nach den engen Maßstäben des BVerfG eine Verletzung des Rechts auf den gesetzlichen Richter angenommen werden kann[13], steht auf einem anderen Blatt.

V. Rechtmäßige Verweigerung des BVL im Lichte der neuen EuGH-Rechtsprechung?

Aus dem Gesagten folgt noch nicht, dass das BVL die Anerkennung zu Recht verweigert hat. Der BVL-Fall liegt anders als der vom EuGH entschiedene; über ihn hat der EuGH noch nicht entschieden. Es ergeben sich aber doch einige Fingerzeige.

Im Ausgangspunkt bleibt m. E. richtig, dass das in Art. 41 Pflanzenschutzmittelverodnung statuierte Anerkennungsprinzip jeden Sinn verlöre, wenn der Anerkennungsmitgliedstaat berechtigt wäre, die Rechtmäßigkeit der Erstzulassung in vollem Umfang erneut zu überprüfen. Insoweit hat das Niedersächsische Oberverwaltungsgericht m. E. Recht. Das Anerkennungsprinzip ist hier in einem Kontext der Vollharmonisierung statuiert, in dem die Auferlegung automatischer Anerkennungspflichten jedenfalls prinzipiell vorstellbar ist.

Art. 36 Abs. 3 der Verordnung normiert allerdings selbst eine Ausnahme vom Anerkennungsautomatismus, und die neuere Rechtsprechung legt nahe, dass diese Ausnahme um weitere (ungeschriebene) Fälle qualifizierter Rechtsverstöße ergänzt werden bzw. in der Weise erweiternd auszulegen sein könnte, dass bestimmte Fälle eines qualifizierten Rechtsverstoßes miterfasst sind. Als einen solchen Fall, der zur Anerkennungsverweigerung berechtigt, hat der EuGH anerkannt, dass rechtswidrig nicht die neuesten Erkenntnisse und Standards zugrunde gelegt worden sind. Ich halte es nicht für ausgeschlossen, dass auch der im BVL-Fall relevante Aspekt, dass es an der erforderlichen Genehmigung des Wirkstoffs des zuzulassenden Pflanzenschutzmittels gefehlt hat, als ein solcher qualifizierter Rechtsverstoß angesehen werden könnte, der zur Anerkennungsverweigerung berechtigt. Denn

13 Siehe zu diesen Maßstäben: Grabitz/Hilf/Nettesheim/*Karpenstein* AEUV Art. 267 Rn. 71 ff.

das System der wechselseitigen Zulassungsanerkennungen basiert wohl tatsächlich auf der Prämisse, dass mitgliedstaatliche Zulassungen stets nur in Bezug auf von der Kommission bereits genehmigte Wirkstoffe, die in dem Produkt enthalten sind, erfolgen dürfen (gerade auch hierdurch wird vom EU-Gesetzgeber ein einheitliches Schutzniveau garantiert); hält sich ein Mitgliedstaat daran nicht, ist das nötige Anerkennungsvertrauen erschüttert. Auch wenn der Anerkennungsmitgliedstaat also nicht zu einer umfänglichen erneuten Rechtmäßigkeitsprüfung berechtigt ist, könnte sich doch ein Kreis besonders qualifizierter Rechtsverstöße des Erstzulassungsstaates herausbilden, der im Kontext dieser Verordnung zur Zulassungsverweigerung berechtigt.

Aufgrund der neuen EuGH-Entscheidung zeichnet sich jedoch ab, dass der qualifizierte Rechtsverstoß allein noch nicht ausreichen dürfte. Hinzukommen muss stets ein hierdurch bewirktes „unannehmbares Gesundheitsrisiko" im Sinne des Art. 36 Abs. 3 der VO, um auch bei erweiternder Auslegung dieser Norm einen hinreichenden Verweigerungsgrund zu konstituieren. Ob das BVL über den Rechtsverstoß der Republik Polen hinausgehend auch hinreichend dargelegt hat oder darlegen kann, dass aus dem Rechtsverstoß ein solches unannehmbares Gesundheitsrisiko folgt, vermag ich nicht zu sagen.

Jedenfalls erscheint nicht ausgeschlossen, dass dem BVL doch ein Verweigerungsgrund zugutekommen könnte. Wäre dies der Fall, hätte es ein – wenn auch begrenztes – Instrument an der Hand, einer aus seiner Sicht bedenklichen Entwicklung entgegenzuwirken, nach der in der Art eines „forum shopping" immer weniger Erstzulassungsanträge bei ihm selbst gestellt werden, während (begünstigt durch den von der deutschen Rechtsprechung bislang angenommenen Anerkennungsautomatismus) der Anteil der Anerkennungszulassungen immer mehr ansteigt (von 12,7 % 2013 auf 68,8 % 2023).

Gegenseitige Anerkennung in der Praxis – Eine qualitative Interviewstudie am Beispiel von Nahrungsergänzungsmitteln

Roman Warda*, Kai Purnhagen** und Milica Molitorisová***

I. Einleitung

Die gegenseitige Anerkennung stellt eine Governance-Strategie im Rahmen der europäischen Integration dar. Produkte, die in einem Mitgliedstaat rechtmäßig in Verkehr gebracht wurden, müssen von anderen Mitgliedstaaten anerkannt werden und sollen daher im Binnenmarkt frei zirkulieren können. Ziel ist keine vollständige Harmonisierung materieller oder verfahrensrechtlicher Anforderungen; somit ist auch kein Aufbau eines parallelen Kontrollsystems durch den Aufnahmestaat vonnöten.

Die Funktionsfähigkeit dieses Mechanismus setzt jedoch gegenseitiges Vertrauen in die administrativen und regulatorischen Fähigkeiten der jeweils anderen Mitgliedstaaten voraus. Ob ein solches Vertrauen in der Praxis tatsächlich besteht, ist die zentrale Fragestellung dieses Kapitels. Anhand eines empirischen Ansatzes unter Zuhilfenahme qualitativer strukturierter Befragungen untersuchen wir am Beispiel von Nahrungsergänzungsmitteln, inwieweit Mitgliedstaaten auf die Verwaltungsentscheidungen und regulatorischen Einschätzungen anderer Mitgliedstaaten vertrauen bzw. bereit sind, diese zu akzeptieren. Unsere Ergebnisse zeigen, dass in der Praxis kaum – wenn überhaupt – gegenseitiges Vertrauen vorhanden ist. Dies führt zu dem Ergebnis, dass das Prinzip der gegenseitigen Anerkennung in diesem spezifischen Regulierungsbereich faktisch nicht wirksam ist – trotz seiner Bedeutung.

---

* **Apotheker Roman Warda**, Doktorand am Lehrstuhl für Lebensmittelrecht an der Universität Bayreuth.

** **Prof. Dr. Kai Purnhagen, LL.M.**, Lehrstuhl für Lebensmittelrecht und Direktor der Forschungsstelle für Deutsches und Europäisches Lebensmittelrecht (FLMR) an der Universität Bayreuth.

*** **PharmDr. Milica Molitorisová, PhD.**, Leiterin der Abteilung für Gesundheitstechnologien, Fakultät für Pharmazie an der Comenius Universität Bratislava.

II. Regulierungsoptionen für Produktsicherheit im Mehrebenensystem

Die wesentliche Aufgabe von Regulierung in Mehrebenensystemen wie der EU ist es, Lösungen für eine Situation der gegenseitigen Abhängigkeiten zu schaffen.[1] Im EU-Produktsicherheitsrecht gibt es hierfür im Wesentlichen vier Ansätze[2]: Inländergleichbehandlung (nationale Gesetzgebung), Harmonisierung, der „Neue Ansatz“, und die gegenseitige Anerkennung.

1. Inländergleichbehandlung (nationale Gesetzgebung und Nichtdiskriminierung)

Die grundlegendste Form der Marktintegration ist das Konzept der Inländergleichbehandlung (Nichtdiskriminierung).[3] Dieses verpflichtet die Mitgliedstaaten dazu, den Zugang zum nationalen Markt für Waren und Dienstleistungen aus anderen Staaten zu gewähren, sofern diese mit den innerstaatlichen Rechtsvorschriften des Aufnahmestaates in Einklang stehen. Ausländische Anbieter sind demnach verpflichtet, die einschlägigen nationalen Regelungen zu beachten; im Gegenzug dürfen sie gegenüber inländischen Marktteilnehmern nicht diskriminiert werden.

Dieser Integrationsansatz lässt die nationale Regelungskompetenz unberührt und gewährleistet die uneingeschränkte normative Autonomie des Aufnahmestaates. Die Hoheit über die Marktregulierung verbleibt vollständig bei den Mitgliedstaaten. Allerdings resultieren aus dieser Konstellation für die wirtschaftlich tätigen Unternehmen erhebliche administrative und finanzielle Belastungen, da sie zur Einhaltung jeweils unterschiedlicher nationaler Rechtsordnungen verpflichtet sind. Die Marktöffnung erfolgt somit zwar unter Wahrung des Vorrangs

---

1 S. Weatherill, *Law and values in the European Union* (Oxford University Press 2016) 3.

2 S. Schmidt, 'Mutual Recognition as a new mode of governance' (2007) 14 *Journal of European Public Policies* 667 (671–674).

3 Vgl. K, Armstrong, 'Mutual recognition' in C. Barnard und J. Scott (Hrsg.), **The Law of the Single European Market: Unpacking the Premises** (Hart 2002) 229.; M. P. Maduro, *We the Court: The European Court of Justice and the European Economic Constitution. A Critical Reading of Article 30 of the EU Treaty* (Hart 1998) 101–149; K. A. Nicolaïdis und G. Shaffer, 'Transnational Mutual Recognition Regimes: Governance Without Global Government' (2005) **Law and Contemporary Problems** 68, 263.

staatlicher Regulierungsbefugnis, was aber zu Effizienzverlusten im grenzüberschreitenden Handel führen kann.

Ferner führt die Verwirklichung des Grundsatzes der Inländergleichbehandlung zu einem Wettbewerb der nationalen Rechtsordnungen. Abhängig von einer Vielzahl gesellschaftlicher und wirtschaftlicher Faktoren sind mitgliedstaatliche Gesetze strenger oder milder ausgestaltet. Darauf basierend suchen sich Unternehmen den Mitgliedstaat für ihre Aktivitäten aus, dessen rechtliche Rahmenbedingungen ihren wirtschaftlichen Aktivitäten am besten nützt. Letztendlich kann durch die Angleichung der verschiedenen mitgliedstaatlichen Rahmenregelungen ein effizienteres regulatorisches Umfeld entstehen, das zu einer faktischen Harmonisierung führt.[4]

2. Harmonisierung der Rechtsvorschriften

Die Harmonisierung dient der Überwindung regulatorischer Divergenzen zwischen den Mitgliedstaaten. Die ex-ante-Koordinierung der Marktregulierung zielt auf eine Vereinheitlichung der einschlägigen Rechtsnormen ab. Dieser Prozess ist jedoch mit erheblichen Verhandlungskosten für die staatlichen Akteure verbunden. Auf supranationaler Ebene führt die Harmonisierung zu einer vertikalen Kompetenzübertragung, wodurch die nationale Souveränität in den betroffenen Regelungsbereichen eingeschränkt wird.

Eine weitergehende rechtliche Konsequenz der Marktintegration eines Sektors durch Harmonisierung besteht darin, dass Mitgliedsstaaten nicht mehr befugt sind, die einschlägigen Vorschriften autonom zu modifizieren. Eine Anpassung oder Erweiterung regulatorischer Zielsetzungen ist nur im Rahmen erneuter supranationaler Verhandlungen möglich. Für wirtschaftliche Akteure hingegen reduziert sich der administrative und finanzielle Aufwand, da sie beim grenzüberschreitenden Handel innerhalb des Binnenmarktes nicht mehr mit divergierenden nationalen Regulierungsanforderungen konfrontiert sind.

3. Neuer Ansatz

Der Rat der Europäischen Union hat im Jahr 1985 den „Neuen Ansatz“ zur Regulierung der wechselseitigen Abhängigkeiten im Bereich

---

4 W. Kerber und R. Van den Bergh, ‘Mutual Recognition Revisited: Misunderstandings, Inconsistencies, and a Suggested Reinterpretation’ (2008) 61 **Kyklos** 447.

der Produktsicherheit eingeführt.[5] Dieses Konzept basiert auf sieben grundlegenden Prinzipien:[6]

- **Rahmenrichtlinien**: Die Europäische Union erlässt lediglich Rahmenrichtlinien, die allgemeine Zielvorgaben enthalten, welche von den Mitgliedstaaten umgesetzt werden sollen.
- **Normierung durch Fachorganisationen**: Die Konkretisierung dieser abstrakten Zielvorgaben obliegt europäischen Normungsorganisationen, denen die Kompetenz zur Erarbeitung detaillierter technischer Standards übertragen wird.
- **Freiwilligkeit der Normeinhaltung**: Die Einhaltung dieser technischen Normen ist für Hersteller nicht zwingend vorgeschrieben. In manchen Regimen wird die Einhaltung der technischen Normen sogar EU-rechtlich vorgeschrieben, häufig ist deren Einhaltung auch zivilrechtlich verpflichtend oder jedenfalls privilegiert.
- **Vermutungswirkung der Normen**: Ein Produkt wird als konform mit den Zielen der jeweiligen Richtlinie angesehen, wenn der Hersteller die entsprechenden Sicherheitsnormen einhält.
- **Schutzklausel**: Es wird eine Schutzklausel eingeführt, die es sowohl den Mitgliedstaaten als auch der Europäischen Kommission ermöglicht, Maßnahmen gegen Produkte zu ergreifen, die trotz formaler Erfüllung der harmonisierten Normen eine Gefährdung darstellen könnten.
- **CE-Kennzeichnung und Konformitätsbewertung**: Der Hersteller bestätigt die Übereinstimmung seines Produkts mit den Zielvorgaben der Richtlinie durch die Anbringung des CE-Zeichens. Vor der Kennzeichnung muss das Produkt einer Konformitätsbewertung oder Zertifizierungsprüfung unterzogen werden, die von einer hierfür zuständigen nationalen Stelle durchgeführt wird.
- **Akkreditierung von Zertifizierungsstellen**: Sollen Drittstellen in die Zertifizierungsprüfung einbezogen werden, müssen sie eine Akkreditierung nach den in den einschlägigen Richtlinien festgelegten Kriterien erhalten. Dieser Akkreditierungsprozess beruht auf mehreren Unionsvorschriften und stellt sicher, dass die Zertifizierungsstellen über die erforderliche Fachkompetenz verfügen.

5 Entschließung des Rates vom 7. Mai 1985 über eine neue Konzeption auf dem Gebiet der technischen Harmonisierung und der Normung, ABl. C 136 vom 4.6.1985, 1.

6 K. Purnhagen, **The Politics of Systematization in EU Product Safety Regulation: Market, State, Collectivity, and Integration** (Springer 2013) 8–9.

Dieses Konzept verfolgt das Ziel, die Produktsicherheit innerhalb des Binnenmarktes zu gewährleisten, ohne die Innovationsfreiheit der Unternehmen unangemessen zu beschränken. Es stellt eine Balance zwischen regulatorischer Kontrolle und marktwirtschaftlicher Selbstregulierung dar.

4. Gegenseitige Anerkennung

Ein weiterer Ansatz zur regulatorischen Lösung gegenseitiger Abhängigkeiten ist das Prinzip der gegenseitigen Anerkennung, welcher Gegenstand dieses Beitrages ist. Dieser Ansatz basiert auf der Annahme, dass die regulatorischen Vorschriften der Mitgliedstaaten funktional äquivalente Lösungen für dasselbe Problem darstellen. Demzufolge dürfen Produkte, die in einem Referenzmitgliedstaat rechtmäßig in den Verkehr gebracht wurden, grundsätzlich auch auf den Märkten anderer Mitgliedstaaten angeboten werden, ohne dass eine erneute Anwendung des Rechts des Zielstaates erforderlich ist.

Durch dieses System entfallen sowohl die Kosten einer ex-ante-Harmonisierung als auch die mit der Einhaltung unterschiedlicher nationaler Normen verbundenen Anpassungskosten für Unternehmen. Die Regulierungszuständigkeit verbleibt ausschließlich beim Herkunftsstaat, wodurch dieser für die Einhaltung und Durchsetzung der maßgeblichen Vorschriften verantwortlich ist. Dies impliziert jedoch eine horizontale Kompetenzübertragung zwischen den Mitgliedstaaten:[7] Die einzelnen Staaten können nicht mehr autonom ein bestimmtes Schutzniveau für ihre Bürger gewährleisten, da die maßgeblichen Regelungen durch andere nationale Rechtsordnungen determiniert werden.[8]

Infolgedessen steigt für die Verbraucher der Informationsaufwand in Bezug auf die Sicherheit und Qualität von Produkten, da nationale Behörden für die Durchsetzung auf keine einheitlichen Regulierungsstandards zurückgreifen können. Die gegenseitige Anerkennung er-

---

7 K. Nicolaïdis and S. Schmidt, 'Mutual Recognition on "Trial": The Long Road to Services Liberalization' (2007) 14 **Journal of European Public Policy** 717.

8 This can be illustrated eg by pharmaceutical legislation, where the Commission highlights compatibility in national legislation among the EU Member States as part of the mutual recognition procedure of pharmaceuticals, see European Commission, Consumer Goods, Pharmaceutical, Brussels 2007, Revision 5, Volume 2A, Chapter 2, see https://health.ec.europa.eu/document/download/ea2ef9c1-1076-4d5e-b286-e84f9c88b679_en.

möglicht somit Handelsvorteile ohne die ex-ante-Kosten einer Harmonisierung, geht jedoch mit erhöhten Informationsanforderungen für die Marktteilnehmer einher. Eine essenzielle Voraussetzung für das reibungslose Funktionieren dieses Systems ist das gegenseitige Vertrauen von Regierungen, Verwaltungsbehörden und Verbrauchern darauf, dass die übrigen Mitgliedstaaten hinreichende regulatorische Kontrolle über ihre Wirtschaftsteilnehmer ausüben.

Tab. 1 Übersicht der Regulierungsprinzipien zur Marktintegration im europäischen Produktsicherheitsrecht

Regulierungsprinzip	**Mechanismus**	**Vorteile**	**Nachteile**
Inländergleichbehandlung (Nichtdiskriminierung)	Uneingeschränkter Marktzutritt von Produkten und Dienstleistungen bei Einhaltung nationaler Rechtsvorschriften des Aufnahmestaats	Uneingeschränkte normative Steuerungsfähigkeit des Staats	Effizienzverlust im grenzüberschreitenden Handel und Wettbewerb nationaler Rechtsordnungen
Harmonisierung	Ex-ante Koordinierung für Vereinheitlichung von Regulierungsnormen	Reduzierte finanzielle und administrative Kosten für den Handel	Vertikale Übertragung von Kompetenzen der Mitgliedstaaten und Anpassung nur im supranationalen Dialog möglich
Neuer Ansatz	Allgemeine Anforderungen von Rahmenrichtlinien der EU werden durch private Organisationen umgesetzt	Gewährleistung der Produktsicherheit bei geringer Einschränkung von Innovation	Teilweise Abhängigkeit von Selbstregulation der Marktteilnehmer in Bezug auf Konformität
Gegenseitige Anerkennung	Produkte, die in einem Mitgliedstaat rechtmäßig in Verkehr sind, müssen auch Marktzutritt in einem anderen Mitgliedstaat erhalten	Geringere Kosten und verminderter administrativer Aufwand für Unternehmen und Verwaltungen	Aufgabe der autonomen nationalen Marktregulation beruht auf Vertrauen zwischen Mitgliedstaaten hinsichtlich funktionell äquivalenter regulatorischer Lösungen

III. Forschungshypothese, -fragen und -referenzgebiet

In weiten Teilen des Lebensmittelmarkts, und insbesondere im Markt der Nahrungsergänzungsmittel, hat der EU Gesetzgeber sich für eine Regulierung entschieden, die das Prinzip der gegenseitigen Anerkennung realisiert.[9] Voraussetzung für eine effektive Regulierung der wechselseitigen Abhängigkeiten im Hinblick auf Marktintegration durch gegenseitige Anerkennung ist Vertrauen zwischen den nationalen Verwaltungen und die tatsächliche Umsetzung des Prinzips in alltäglicher regulatorischer Praxis.

Aus Sicht der Verhaltensforschung ist ein solches Vertrauen eher nicht zu vermuten: Menschen ordnen neue und unbekannte Kategorien in eine Kategorie bekannter, vertrauter Konzepte ein, die dem unbekannten Konzept ähnlich zu sein scheinen.[10] Wenn sich Menschen bereits eine starke Meinung über die jeweiligen vertrauten Konzepte (z. B. Technologien) und deren Vergleichbarkeit gebildet haben, ist die Wahrscheinlichkeit groß, dass sie die bereits bestehende Einstellung auch auf die Zielkonzepte ausdehnen.[11] Da auch Verwaltungsmitarbeiter Menschen sind, werden sie es auch in der Regel vorziehen, Unionsrecht so zu verstehen, dass es mit dem bestehenden rechtlichen und regulatorischen nationalen Rahmen kompatibel ist.[12] Daher ist unsere verhaltenswissenschaftlich informierte

Hypothese:

Behörden bauen kein Vertrauen in die Regelung anderer Mitgliedstaaten auf; im Behördenalltag finden sie Mittel und Wege um eigene, nationale

---

9 R. Warda, K. Purnhagen und M. Molitorisová, 'Has Mutual Recognition in the EU Failed?–A Legal-Empirical Analysis on the Example of Food Supplements Containing Botanicals and Other Bioactive Substances' (2024) 47 **Journal of Consumer Policy** 425.

10 B. Loken, L.W. Barsalou und C. Joiner, 'Categorization Theory and Research in Consumer Psychology: Category Representation and Category-Based Inference' in C. Haugtvedt, K. Machleit und R. Yalch (Hrsg.), *Handbook of Consumer Psychology* (Lawrence Erlbaum Associates 2008) 133–163.

11 A.V. Muthukrishnan und B.A. Weitz, 'Role of Product Knowledge in Brand Extensions' in M.E. Goldberg, G. Gorn und R.W. Pollay (Hrsg.), *Advances in Consumer Research* (Vol 17, Provo/UT 1990) 407–413.

12 K. Purnhagen, 'Hat das LFGB noch eine Zukunft? Über europäische Harmonisierung, Reform und Disruption' (2021) 48 **Zeitschrift für das gesamte Lebensmittelrecht** 735–744.

Lösungen zu präferieren, und die gegenseitige Anerkennung zu konterkarieren. Die gegenseitige Anerkennung ist daher unwirksam.

Um diese Hypothese zu verifizieren, formulieren wir folgende

Forschungsfrage:

Machen nationale Behörden in der EU Gebrauch von der gegenseitigen Anerkennung
- bei der Klassifizierung von Produkten,
- bei der Anerkennung der Zulassung, und
- bei der Verwendung von Daten zur Sicherheitsbewertung?

Zur Beantwortung unserer Forschungsfrage wählen wir folgendes

Referenzgebiet:

Die unionsrechtliche Regulierung der Nahrungsergänzungsmittel. Mit Nahrungsergänzungsmitteln sind zahlreiche, wenig harmonisierte Rechtsfragen verbunden, die jedem Mitgliedstaat viel Auslegungsspielraum lassen.

Richtlinie 2002/46/EG[13] formuliert allgemeine Rahmenbedingungen für die Herstellung, Präsentation und Inverkehrbringen von Nahrungsergänzungsmitteln. Die darüberhinausgehende Auslegung und Anwendung wie beispielsweise die Einrichtung von Notifizierungsverfahren überlasst das EU-Recht den mitgliedsstaatlichen Behörden. Insbesondere wurde jedoch die Festlegung erlaubter Höchstmengen oder die Regulierung von sogenannten sonstigen Inhaltsstoffen, welche andere Nährstoffe als Vitamine und Mineralien darstellen, durch die Richtlinie nicht erfasst.

Verordnung (EG) Nr 764/2008[14] über die gegenseitige Anerkennung koordiniert sodann die wechselseitigen Abhängigkeiten der mitgliedstaatlichen Systeme. Auf Grundlage von Artikel 4 Absatz 8 der Richtlinie 2002/46/EG legte die Kommission dem Rat und dem Europäischen Parlament im Jahr 2008 einen Bericht über die Durchführbarkeit spezifischer unionsrechtlicher Vorschriften für sonstige, vor allem pflanz-

13 Richtlinie 2002/46/EG des Europäischen Parlaments und des Rates vom 10. Juni 2002 über die Harmonisierung der Rechtsvorschriften der Mitgliedstaaten hinsichtlich der Nahrungsergänzungsmittel [2002] Abl. L183/51.

14 Verordnung (EG) Nr. 764/2008 des Europäischen Parlaments und des Rates vom 9. Juli 2008 über die Verfahren zur Gewährleistung der Einhaltung der Vorschriften über die Produkte des Binnenmarktes [2008] Abl. L 218/21.

lich basierte Inhaltsstoffe vor.[15] Dieser stellte fest, dass vor dem Hintergrund wissenschaftlicher Komplexität und Aufwand die bestehenden unionsrechtlichen Regelungen grundsätzlich ausreichend seien, um eine Harmonisierung der Regulierung dieser Stoffe innerhalb der EU sicherzustellen. Die gegenseitige Anerkennung, die durch die Verordnung (EG) Nr. 764/2008 weiter konkretisiert wird, wurde als zentrales Instrument zur Gewährleistung des freien Warenverkehrs von Nahrungsergänzungsmitteln innerhalb der EU betrachtet.

Aus dieser nur rudimentären Harmonisierung des Rechts der Nahrungsergänzungsmittel resultiert die Notwendigkeit des Funktionierens der gegenseitigen Anerkennung, um einen funktionsfähigen Binnenmarkt zu schaffen. Weil der Funktionsfähigkeit der gegenseitigen Anerkennung eine solch große Bedeutung im Markt der Nahrungsergänzungsmitteln zukommt, haben wir uns für diesen Markt als Referenzgebiet entschieden.

Referenzproblem

Um die Frage nach der tatsächlichen Anwendbarkeit der gegenseitigen Anerkennung empirisch erforschbar zu machen, haben wir uns auf die Rechtsfrage der Abgrenzung von Nahrungsergänzungsmitteln zu Arzneimitteln, sogenannte Borderline-Produkte, fokussiert.

Unserer Ansicht nach ist dies die in Literatur und Rechtsprechung am meisten diskutierte Frage in diesem Zusammenhang; daher ist bei mangelnder Anwendung der gegenseitigen Anerkennung eine große Divergenz in der behördlichen Praxis zu vermuten.

Diese Divergenz in nationalen Rechtsordnungen erfordert einen noch höheren Suchkostenaufwand von Verbrauchern. Nahrungsergänzungsmittel werden vermehrt wegen zugeschriebenen medizinischen Eigenschaften konsumiert, wobei sie nicht hinsichtlich der damit verbundenen Nutzen oder Risiken im Rahmen klinischer Studien getestet wurden.[16] Erschwerend finden sich gleichzeitig vor allem viele pflanzliche Inhaltsstoffe sowohl in Ergänzungsmitteln als auch in (traditionellen) pflanzlichen Arzneimitteln. Aus diesem Grund ist die Frage nach der Abgrenzung basierend auf Zusammensetzung und Zweckbe-

15 Bericht der Kommission an den Rat und an das Europäische Parlament über die Verwendung anderer Stoffe als Vitamine und Mineralstoffe in Nahrungsergänzungsmitteln, COM (2008) 824.

16 Warda, Purnhagen und Molitorisová (n 9) 425.

stimmung eines Borderline-Produkts und der gegenseitigen Anerkennung nicht nur eine theoretische, sondern wirkt sich konkret auf die Verbraucherinformation und auf die Sicherheit des Produktes aus.

Durch die EU-weit fragmentierten regulatorischen Rahmenbedingungen kann in einem Mitgliedstaat ein entsprechendes Produkt als freiverkäufliches Nahrungsergänzungsmittel eingestuft werden, während ein anderer Mitgliedstaat es als Arzneimittel klassifiziert. Diese sind jedoch aufgrund ihres Nutzen-Risiko-Profils EU-weit stärker reguliert und zulassungspflichtig. Dies kann das Verbrauchervertrauen in die Regulierung untergraben und stellt für Unternehmen ein Investitionsrisiko dar, das mit Kosten und Markteinschränkungen verbunden ist.

IV. Methode

Um die Forschungsfrage zu beantworten haben wir uns bei Methoden aus dem Bereich der Empirischen Rechtsanalyse bedient. Aufbauend auf der Idee, einen funktionalen Rechtsvergleich mit sozialwissenschaftlichen Methoden zu ergänzen,[17] wurden strukturierte Experteninterviews durchgeführt, um ein praxisnahes Verständnis der Anwendung des Prinzips der gegenseitigen Anerkennung zu erlangen. Diese ermöglichen eine Erweiterung der Forschung über rein rechtliche Dokumente hinaus und bietet institutionelle Einblicke, die andernfalls schwer zugänglich wären.[18] Experteninterviews, als qualitative Forschungsmethode, liefern detaillierte Analysen, ohne auf statistische Verallgemeinerung abzuzielen.[19] Dabei kann ein Experte

17 M. van Hoecke, 'Methodology of Comparative Legal Research' (2015) 12 **Law and Method** 1–35.

18 Vgl. A. Bogner, B. Littig und W. Menz, 'Introduction: Expert Interviews – An Introduction to a New Methodological Debate' in A. Bogner, B. Littig und W. Menz (Hrsg.), **Interviewing Experts** (Palgrave Macmillan 2009) 1–13 https://doi.org/10.1057/9780230244276_1.; C. Helfferich, 'Leitfaden- und Experteninterviews' in N. Baur und J. Blasius (Hrsg.), **Handbuch Methoden Der Empirischen Sozialforschung** (Springer 2022) 875–892.

19 Vgl. R.B. Kaiser, ‚Konzeptionelle und methodologische Grundlagen qualitativer Experteninterviews' in R.B. Kaiser (ed), **Qualitative Experteninterviews** (Springer Fachmedien 2014) 25–62; S. Lamnek und C. Krell, ‚Quantitative und qualitative Interviews im Vergleich' in S. Lamnek und C. Krell (Hrsg.), **Qualitative Sozialforschung** (Beltz Verlag 2016) 314.

aufgrund seines Prozesswissens als repräsentativ für eine Institution gelten.[20]

1. Studienmaterialien

a) Befragungen

Auf Grundlage der rechtsdogmatischen Analyse wurde ein Fragebogen mit 13 geschlossenen Fragen entwickelt, der sich auf zentrale Aspekte der Regulierung von Nahrungsergänzungsmitteln konzentrierte: Produktsicherheit, Abgrenzung zu Arzneimitteln und gegenseitige Anerkennung. Die Experteninterviews wurden per Online-Videoanruf mit Vertretern zuständiger Behörden aus Österreich, Belgien, Tschechien und Irland durchgeführt. Slowakische Vertreter beantworteten den Fragebogen schriftlich, während Behörden aus Schweden und Italien auf öffentlich zugängliche Informationen verwiesen. Jedes Interview dauerte ca. 60 Minuten. Teilnehmer erhielten Einverständniserklärungen zum Datenschutz und Vertraulichkeitsvereinbarungen.

Der vollständige Fragebogen kann auf der Website des Journal of Consumer Policy abgerufen werden.[21].

b) Datenanalyse

Die Interviews wurden aufgezeichnet, anonymisiert und thematisch analysiert.[22] Die gewählten Antworten wurden tabellarisch erfasst und mithilfe eines induktiven Kodierungsansatzes in zwei Schlüsselthemen und elf Codes kategorisiert. Dies ermöglichte eine qualitative Analyse der regulatorischen Ansätze in den untersuchten Staaten. Ein Mitglied des Forschungsteams war für die Identifikation und Entwicklung der Codes verantwortlich.

2. Einschränkungen der Studie

- **Zugänglichkeit nationaler Rechtsquellen**: Viele Dokumente mussten aus der Originalsprache übersetzt werden.

---

20 A. Bogner und W. Menz, ‚Expertenwissen und Forschungspraxis: Die Modernisierungstheoretische und die Methodische Debatte um die Experten' in A. Bogner, B. Littig und W. Menz (Hrsg.), **Das Experteninterview. Theorie, Methode, Anwendung** (VS Verlag für Sozialwissenschaften 2002) 7–29.

21 Warda, Purnhagen und Molitorisová (n 9) 425.

22 Braun, V. und Clarke, V., 'Using Thematic Analysis in Psychology' (2006) 3 **Qualitative Research in Psychology** 77–101.

- **Sprachbarrieren**: Nicht alle Teilnehmer sprachen fließend Englisch.
- **Eingeschränkte Teilnahme**: Einige Regulierungsbehörden unterlagen internen Vorgaben, die eine Teilnahme verhinderten.
- **Begrenzte Marktrepräsentation**: Nicht alle wichtigen Märkte für Nahrungsergänzungsmittel waren Teil der Befragung.

V. Ergebnisse der Experteninterviews

1. Zweck und Methodik

Die Experteninterviews dienten der Identifizierung der Bedeutung der Anwendung des Prinzips der gegenseitigen Anerkennung im Bereich Nahrungsergänzungsmittel durch verantwortliche Behörden, die durch die Auswertung juristischer Quellen nicht hinreichend abgedeckt werden konnten.[23] Mithilfe einer thematischen Analyse wurden Muster hinsichtlich der Nutzung von Datenbanken für Zwecke der gegenseitigen Anerkennung sowie der praktischen Umsetzung rechtlicher Maßnahmen zur Anwendung der gegenseitigen Anerkennung der Regulierung von Nahrungsergänzungsmitteln ermittelt.

2. Relevanz der gegenseitigen Anerkennung

Die gegenseitige Anerkennung als Instrument zur Erleichterung des Marktzugangs wurde von den Befragten unterschiedlich bewertet. Einige Experten hielten sie für nicht ausreichend konzipiert oder für regulatorisch entbehrlich. Alle Befragten erachteten den jeweiligen nationalen Rechtsrahmen als ausreichend zur Sicherstellung von Qualität und Sicherheit von Nahrungsergänzungsmitteln. Kein Mitgliedstaat wurde von den Interviewpartnern als besonders geeigneter Referenzmitgliedstaat für Verfahren zur gegenseitigen Anerkennung benannt. Außerdem lagen keinem Teilnehmer Erkenntnisse darüber vor, ob ein Mitgliedstaat in einem anderen Mitgliedstaat als Referenzmitgliedstaat fungierte.

3. Regulierung von Borderline-Produkten

Bei Produkten, die einen nicht zugelassenen Stoff enthalten, erfolgt in allen untersuchten Mitgliedstaaten eine Einzelfallprüfung auf Verkehrsfähigkeit. Kann ein Erzeugnis nicht eindeutig als Nahrungser-

23 Warda, Purnhagen und Molitorisová (n 9) 425 Supplementary Material.

gänzungsmittel oder Arzneimittel klassifiziert werden, so gaben einige Befragte an, dass es entweder angepasst werden müsse, um den regulatorischen Anforderungen zu entsprechen, oder vom Markt genommen werde. Andere erklärten, dass solche Produkte bis zur Vorlage weiterer relevanter Daten im Markt verbleiben können. Falls dies, und somit eine eindeutige Zuordnung, nicht möglich ist, wird der Fall an die zuständige Arzneimittelbehörde oder eine spezialisierte Kommission zur Bewertung von Borderline-Produkten verwiesen.

4. Nutzung von Datenbanken für regulatorische Entscheidungen

Die thematische Analyse zeigte divergierende Präferenzen bei der Nutzung verschiedener Datenbanken zur Produktbewertung innerhalb der Regulierungsbehörden. Während einige Behördenvertreter offen für Datenbanken anderer Interessengruppen sind, stützen sich andere ausschließlich auf nationale Datenquellen.

- Daten der nationalen Behörden wurden von allen Befragten als maßgeblich angesehen.
- Daten von europäischen Institutionen, insbesondere zur Regulierung von Nahrungsergänzungsmitteln, hatten eine untergeordnete Bedeutung.
- Von Unternehmen bereitgestellte Datensätze wurden häufiger genutzt als Informationen aus Nicht-EU-Staaten, die als weitgehend irrelevant galten.
- Daten aus anderen Mitgliedstaaten und von unabhängigen Forschungseinrichtungen wurden nicht als gleichwertig zu nationalen Datenbanken betrachtet.
- Die historische sichere Verwendung eines Stoffes spielte nur in wenigen Fällen eine Rolle bei Regulierungsentscheidungen.

5. Einfluss auf spezifische Regulierungsaspekte

Die Unterschiede in der Nutzung von Datenbanken wirkten sich auch auf spezifische Regulierungsentscheidungen hinsichtlich der Anwendung der gegenseitigen Anerkennung aus:

- Sicherheitsbewertung neuer Stoffe: Die meisten Befragten hielten eine Kombination aus national erhobenen Sicherheitsdaten, historischer Verwendung in der EU und wissenschaftlichen Stellungnahmen anderer Mitgliedstaaten für relevant. Während einige vorrangig nationale Institutionen konsultierten, bevorzugten andere europäi-

sche Quellen, wie beispielsweise wissenschaftliche Gutachten der EFSA.
- Zusätzliche Informationsquellen: Neben den primären Datenbanken wurden auch Werbematerialien oder historische Verwendungsdaten berücksichtigt. Die potenzielle pharmakologische Wirkung eines Stoffes bewerten Lebensmittelsicherheitsbehörden in der Regel nicht selbst, sondern stützen sich auf Erkenntnisse der Arzneimittelbehörden.

6. Ablehnung der gegenseitigen Anerkennung

Die Verweigerung der gegenseitigen Anerkennung eines Nahrungsergänzungsmittels beruhte primär auf der Einstufung eines Inhaltsstoffs als gesundheitsgefährdend, insbesondere aufgrund unzureichender Sicherheits- oder Qualitätsdaten. Faktoren, die zur Ablehnung führten, waren:
- Unklare Wirkungsweise oder pharmakologische Eigenschaften, die auf eine arzneimittelrechtliche Relevanz hindeuten.
- Negative wissenschaftliche Stellungnahmen aus anderen Mitgliedstaaten spielten eine größere Rolle als Bewertungen europäischer Institutionen wie der EFSA.
- Nur ein Befragter berücksichtigte auch negative wissenschaftliche Bewertungen aus Drittländern bei der Entscheidungsfindung.

VI. Zusammenfassung

1. Einfluss auf die Regulierungspraktiken

Die gegenseitige Anerkennung als Instrument zur Bewältigung regulatorischer Divergenzen im Lebensmittelrecht hatte keinen wesentlichen Einfluss auf die Tätigkeit der untersuchten für Nahrungsergänzungsmittel zuständigen nationalen Behörden. Die Experteninterviews lieferten Erkenntnisse über die jeweiligen Regulierungspraktiken, insbesondere im Umgang mit nicht EU-rechtlich explizit geregelten Stoffen.

Die Analyse zeigt, dass die signifikanten Unterschiede zwischen nationalen Regulierungssystemen auch bei der Bewertung von bisher nicht zugelassenen Stoffen fortbestehen. Dies spiegelt sich sowohl in den Klassifizierungsprozessen von Borderline-Produkten als auch in der Art der Nutzung und Präferenzen von Datenbanken für Sicherheitsbewertungen wider.

2. Bewertung von Borderline-Produkten

Die Untersuchung bestätigte, dass die Bewertung von Stoffen, die potenziell unter die Definition eines Arzneimittels fallen, in den Zuständigkeitsbereich der nationalen Arzneimittelbehörden und nicht der Lebensmittelsicherheitsbehörden fällt. Unterschiede bestehen hinsichtlich der weiteren Verkehrsfähigkeit eines Borderline-Produkts, das entweder auf dem Markt bleibt, bis zusätzliche Daten zur abschließenden Sicherheitsbewertung vorliegen, oder entsprechend nationaler Anforderungen angepasst werden muss.

3. Wirksamkeit der gegenseitigen Anerkennung

Die gegenseitige Anerkennung, eingeführt durch Verordnung (EG) Nr. 764/2008, wird als ergänzender Mechanismus zur Harmonisierung und den nationalen Rechtsvorschriften beschrieben.[24] Die Interviewergebnisse zeigen jedoch, dass dieses Verfahren in der Regulierung von Nahrungsergänzungsmitteln kaum Relevanz besitzt. Dies entspricht einer Einschätzung der Europäischen Kommission, wonach Unternehmen ihre Produkte eher an nationale Vorschriften anpassen, anstatt eine gegenseitige Anerkennung rechtlich durchzusetzen.[25]

Trotz einer Reform im Jahr 2019 kam Jan zu dem Schluss, dass die neue Verordnung über die gegenseitige Anerkennung aufgrund des mangelnden Vertrauens in die regulatorischen Standards der Mitgliedstaaten weiterhin nicht effektiv umgesetzt wird.[26] Unsere Interviewdaten stützen diese Hypothese, da andere Mitgliedstaaten von den Befragten nicht als geeignete Referenzmitgliedstaaten für Anerkennungsverfahren betrachtet wurden.

Die Annahme von Weatherill, dass die gegenseitige Anerkennung von der Akzeptanz durch die Mitgliedstaaten abhängt,[27] wird durch unsere

---

24 Schmidt, S.K., 'Mutual Recognition as a New Mode of Governance' (2007) 14 **Journal of European Public Policy** 667–681.

25 Europäische Kommission, 'REFIT-Bewertung Begleitunterlage zum Vorschlag des Europäischen Parlaments und des Rates für eine Verordnung über die gegenseitige Anerkennung von Waren', SWD/2017/0476 final.

26 Jan, B., 'Increasing Legal Certainty Without Trust: Why Regulation 2019/515 Cannot Achieve the Unachievable' (2021) 12 **European Journal of Risk Regulation** 196–211.

27 Weatherill, S., 'The Principle of Mutual Recognition: It Doesn't Work, Because It Doesn't Exist' (2018) *European Law Review* 224.

Untersuchung bestätigt. Ein Vergleich mit dem europäischen Pharmamarkt, in dem durch umfangreiche Harmonisierung eine funktionierende gegenseitige Anerkennung von Zulassungen etabliert wurde, deutet auf eine Dysfunktionalität des Anerkennungsverfahrens im Sektor der Nahrungsergänzungsmittel hin.[28]

Referenzen

Gesetzestexte

Richtlinie 2002/46/EG des Europäischen Parlaments und des Rates vom 10. Juni 2002 über die Harmonisierung der Rechtsvorschriften der Mitgliedstaaten hinsichtlich der Nahrungsergänzungsmittel [2002] Abl. L183/51.

Verordnung (EG) Nr. 764/2008 des Europäischen Parlaments und des Rates vom 9. Juli 2008 über die Verfahren zur Gewährleistung der Einhaltung der Vorschriften über die Produkte des Binnenmarktes [2008] Abl. L 218/21.

Literatur

Armstrong, K. (2002) 'Mutual Recognition', in C. Barnard und J. Scott (Hrsg.), *The Law of the Single European Market: Unpacking the Premises* (Oxford: Hart) 229.

Bogner, A. und Menz, W. (2002) ‚Expertenwissen und Forschungspraxis: Die modernisierungstheoretische und die methodische Debatte um die Experten', in A. Bogner, B. Littig und W. Menz (Hrsg.), *Das Experteninterview: Theorie, Methode, Anwendung* (VS Verlag für Sozialwissenschaften) 7–29 https://doi.org/10.1007/978-3-322-93270-9_.

Bogner, A., Littig, B. und Menz, W. (2009) 'Introduction: Expert Interviews–An Introduction to a New Methodological Debate', in A. Bogner, B. Littig und W. Menz (Hrsg.), *Interviewing Experts* (Palgrave Macmillan) 1–13 https://doi.org/10.1057/9780230244276_1.

Braun, V. und Clarke, V. (2006) 'Using Thematic Analysis in Psychology' (2006) 3 *Qualitative Research in Psychology* 77–101 https://doi.org/10.1191/1478088706qp063oa.

---

28 Röttger-Wirtz, S., ‹Mutual Recognition and the Ever-Incomplete Internal Market for Pharmaceuticals› (2020) 13 **Review of European Administrative Law** 61–87.

Europäische Kommission (2008) Bericht der Kommission an den Rat und an das Europäische Parlament über die Verwendung anderer Stoffe als Vitamine und Mineralstoffe in Nahrungsergänzungsmitteln, COM (2008) 824 final.

Europäische Kommission, 'REFIT-Bewertung Begleitunterlage zum Vorschlag des Europäischen Parlaments und des Rates für eine Verordnung über die gegenseitige Anerkennung von Waren', SWD/2017/0476 final.

Helfferich, C. (2022) ‚Leitfaden- und Experteninterviews', in N. Baur and J. Blasius (eds), *Handbuch Methoden der Empirischen Sozialforschung* (Springer) 875–892 https://doi.org/10.1007/978-3-658-37985-8_55.

Jan, B. (2021) 'Increasing Legal Certainty Without Trust: Why Regulation 2019/515 Cannot Achieve the Unachievable' (2021) 12 *European Journal of Risk Regulation* 196–211 https://doi.org/10.1017/err.2020.61.

Kaiser, R.B. (2014) ‚Konzeptionelle und Methodologische Grundlagen Qualitativer Experteninterviews', in R. Kaiser (Hrsg.), *Qualitative Experteninterviews* (Springer Fachmedien) 25–62 https://doi.org/10.1007/978-3-658-02479-6_2.

Kerber, W. und Van den Bergh, R. (2008) 'Mutual Recognition Revisited: Misunderstandings, Inconsistencies, and a Suggested Reinterpretation' (2008) 61 *Kyklos* 447–465 https://doi.org/10.1111/j.1467-6435.2008.00412.x.

Kaiser, R.B. (2014) ‚Konzeptionelle und methodologische Grundlagen qualitativer Experteninterviews', in R. Kaiser (Hrsg.), *Qualitative Experteninterviews* (Springer Fachmedien) 25–62 https://doi.org/10.1007/978-3-658-02479-6_2.

Lamnek, S. und Krell, C. (2016) ‚Quantitative und qualitative Interviews im Vergleich', in S. Lamnek und C. Krell (Hrsg.), *Qualitative Sozialforschung* (Beltz Verlag) 314.

Loken, B., Barsalou, L.W. und Joiner, C. (2008) 'Categorization Theory and Research in Consumer Psychology: Category Representation and Category-Based Inference', in C. Haugtvedt, K. Machleit und R. Yalch (Hrsg.), *Handbook of Consumer Psychology* (Lawrence Erlbaum Associates) 133–163.

Maduro, M. P. (1998) *We the Court: The European Court of Justice and the European Economic Constitution. A Critical Reading of Article 30 of the EU Treaty* (Oxford: Hart) 101–149.

Muthukrishnan, A. V. und Weitz, B. A. (1990) 'Role of Product Knowledge in Brand Extensions', in M. E. Goldberg, G. Gorn und R. W. Pollay (Hrsg.), *Advances in Consumer Research* (Vol 17, Provo/UT) 407–413.

Nicolaidis, K. A. und Shaffer, G. (2005) 'Transnational Mutual Recognition Regimes: Governance Without Global Government' *Law and Contemporary Problems* 68 263–318.

Purnhagen, K. (2013) 'Mapping the Systematization of EU Product Safety Regulation', in *The Politics of Systematization in EU Product Safety Regulation: Market, State, Collectivity, and Integration* (Ius Gentium: Comparative Perspectives on Law and Justice, vol 26, Springer) https://doi.org/10.1007/978-94-007-6543-6_1.

Purnhagen, K. (2021) ‚Hat das LFGB noch eine Zukunft? Über europäische Harmonisierung, Reform und Disruption' (2021) 48 *Zeitschrift für das gesamte Lebensmittelrecht* 735–744.

Röttger-Wirtz, S. (2020) 'Mutual Recognition and the Ever-Incomplete Internal Market for Pharmaceuticals' (2020) 13 *Review of European Administrative Law* 61–87 https://doi.org/10.7590/187479820X16007576818799.

Weatherill, S. (2016) *Law and Values in the European Union* (Oxford University Press) 3.

Weatherill, S. (2018), 'The Principle of Mutual Recognition: It Doesn't Work, Because It Doesn't Exist' *European Law Review* 224.

Warda, R., Purnhagen, K. and Molitorisová, M. (2024) 'Has Mutual Recognition in the EU Failed?—A Legal-Empirical Analysis on the Example of Food Supplements Containing Botanicals and Other Bioactive Substances' (2024) 47 *Journal of Consumer Policy* 425–443 https://doi.org/10.1007/s10603-024-09571-0.

Zwischen Fesseln und Flexibilität – welches Ausmaß an Regulierung ist ausgewogen?

Eine Betrachtung am Beispiel der EU-Frühstücksrichtlinien

Judith Hausner*

Die EU-Frühstücksrichtlinien sind insgesamt sieben Richtlinien zu Lebensmitteln, die allgemein mit dem Frühstück in Verbindung gebracht werden, nämlich Kaffee, Kakao, Honig, Zucker, Fruchtsaft, Konfitüre und Trockenmilch. Sie geben für diese Erzeugnisse eine technische Beschreibung sowie Vorgaben zur Zusammensetzung, produktspezifischen Merkmalen und Kennzeichnung und dienen damit der Sicherung eines Qualitätsstandards, vergleichbar mit der EU-Verordnung 1308/2013 zu verschiedenen Vermarktungsnormen. Vier dieser Richtlinien, nämlich Honig (RL 2001/110/EG), Fruchtsaft (RL 2001/112/EG), Konfitüre (RL 2011/113/EG) und Trockenmilch (RL 2001/114 EG), wurden erst im Frühjahr 2024 durch RL (EU) 2024/1438 geändert. Dies gibt Anlass, am Beispiel der Frühstückrichtlinien die Frage nach dem ausgewogenen Maß an Regulierung konkret zu betrachten.

Die Betrachtung der Ausgewogenheit ist eine Abwägung zwischen den betroffenen Interessen und Rechtsgütern vor dem Hintergrund der angestrebten Ziele. Ausgewogenheit ist erreicht, wenn weder eine Seite unverhältnismäßig benachteiligt noch bevorzugt wird, mithin die Vorteile und Nachteile in einem Gleichgewicht zu einander stehen. Die Vorteile von Regulierung können allgemein mit den Schlagworten Rechtssicherheit, Verbraucherschutz, Fairer Wettbewerb und Entgegenwirken von Betrug umrissen werden. Demgegenüber können die Nachteile von Regulierung beschrieben werden mit den Schlagworten Bürokratie und Erfüllungsaufwand, Innovationshemmung, Wirtschaftliche Einschränkung und Marktverzerrung. Als Instrument für diese Abwägung ist der Verhältnismäßigkeitsgrundsatz heranzuziehen, mithin eine Prüfung der Frühstücksrichtlinien auf Geeignetheit, Erforder-

* **Rechtsanwältin Judith Hausner**, Verband der deutschen Fruchtsaft-Industrie e.V. (VdF).

lichkeit sowie Angemessenheit. Geprüft werden soll hier die Regelung zur verpflichtenden Herkunftsangabe.

Die Änderung der Frühstücksrichtlinien bringt für Honig künftig eine deutlich strengere verpflichtende Herkunftskennzeichnung als bislang. Bislang regelte Art. 2 Nr. 4 a RL 2001/110/EG, dass das Ursprungsland der Honigerzeugung anzugeben ist, wobei bei mehr als einem Ursprungsland alternativ auch „Mischung von Honig aus EU-Ländern" bzw. „... Nicht-EU-Ländern" oder „... EU-Ländern und Nicht-EU-Ländern" angegeben werden darf. Die neue Fassung dieses Artikels erlaubt diese Alternative bei mehreren Ursprungsländern nicht mehr, sondern sieht nun vor, dass die Ursprungsländer „im Hauptsichtfeld in absteigender Reihenfolge ihres Gewichtsanteils zusammen mit dem jeweiligen Prozentsatz, den die einzelnen Ursprungsländer repräsentieren, anzugeben" sind.

Verpflichtende Herkunftskennzeichnung ist im Sinn des Verhältnismäßigkeitsgrundsatzes geeignet, wenn der angestrebte Zweck zumindest gefördert wird. Zum Zweck der Richtlinie sowie einer solchen Pflichtkennzeichnung ergibt sich aus der RL 2001/110/EG zunächst gemäß Erwägungsgrund 1, „vertikale Richtlinien ... zu vereinfachen, so dass nur die grundlegenden Anforderungen berücksichtigt werden, denen die — Erzeugnisse entsprechen müssen, damit sie im Binnenmarkt frei verkehren können" sowie konkret gemäß Erwägungsgrund 5 „In Anbetracht des engen Zusammenhangs zwischen der Qualität des Honigs und seiner Herkunft ... unbedingt sicherzustellen, dass vollständige Informationen zu diesen Aspekten gegeben werden, damit der Verbraucher nicht irregeführt wird". Ohne auf die umstrittene Frage einzugehen, ob ein Zusammenhang zwischen Qualität und Herkunft besteht, wird für diese Betrachtung angenommen, dass eine verpflichtende Herkunftskennzeichnung zumindest das Ziel, Irreführung zu verhindern, fördern kann.

Verpflichtende Herkunftskennzeichnung ist erforderlich, wenn kein milderes, gleich effektives Mittel verfügbar ist. Milderes Mittel könnte die bisherige Regelung sein, wenn die neuen, sehr detaillierten Pflichtangaben nicht in höherem Maße eine Irreführung des Verbrauchers verhindern als die bisherige Regelung. Die Herkunftsangabe gemäß der bisherigen oben beschriebenen Regelung ist zwar wenig genau, aber auch die schwächste der drei alternativen Angaben, nämlich „Mischung von Honig aus EU-Ländern und Nicht-EU-Ländern" verhindert bereits die Gefahr einer Kaufentscheidung aufgrund falscher Vorstellungen hinsichtlich der Herkunft, da diese unspezifische Information gerade keinen Raum für falsche Vorstellungen lässt. Eine detaillierte Länderangabe, wie die neue Regelung sie verpflichtend vorschreibt, hat durchaus einen höheren Informationswert und präzisiert die Vorstellungen des Verbrauchers. Allerdings wirkt sich dies hinsichtlich der Verhinderung von Irreführung nicht verbessernd aus, weil eine Täuschung hinsichtlich der Herkunft schon durch die wenig genaue Angabe ausgeschlossen ist. Die bisherige Regelung wirkte demnach falschen Vorstellungen ausreichend entgegen, so dass sie als milderes Mittel anzusehen ist.

Verpflichtende Herkunftskennzeichnung ist angemessen, wenn der angestrebte Zweck, den Verbraucher vor Irreführung zu schützen, und die damit verbundenen Vorteile nicht außer Verhältnis zu den Nachteilen stehen, die durch die Beeinträchtigung der betroffenen Grundrechte entstehen, so dass der Nutzen der verpflichtenden Herkunftskennzeichnung die Intensität des Eingriffs in geschützte Rechtsgüter rechtfertigt. Generell hat die Verbraucherschaft ein Interesse an transparenter Information zur Vermeidung von Täuschung. Da jegliche bereitgestellte Information unabhängig vom Grad der Detaillierung vom Verbraucher zur Kenntnis genommen werden kann, aber nicht muss, ist auch ein Interesse an der detaillierten Information durch die neue Regelung anzunehmen. Für Hersteller und Importeure erschöpft sich die Erfüllung dieser Pflichtangabe nicht in der entsprechenden Etikettengestaltung. Vielmehr bedeutet das Bereitstellen dieser Information wesentlich aufwendigere Warenströme und -lagerung, Erschwerung von Standardisierung des Endprodukts bei faktischer Einschränkung der Herkünfte sowie Beschränkung der Flexibilität des Warenbezugs bei Etikettenbindung, mithin einen Eingriff in Grundrechte wie Berufsfreiheit, Wettbewerbsfreiheit und Vertragsfreiheit. Durch eine Pflichtangabe fällt die Möglichkeit einer freiwilligen Herkunftsangabe weg und damit eine Differenzierungsmöglichkeit zwischen den Wettbewerbsprodukten, weil diese Information nicht mehr exklusiv ist. Darüber hinaus sind auch mittelbare Auswirkungen einer solchen Regelung zu bedenken. So können sich Mehraufwand sowie faktische Einschränkungen auf Herstellerseite nachteilig auf ein breites und günstiges Angebot an Produkten auswirken, was für den Verbraucher letztlich eine unerwünschte Entwicklung ist. Die Information des Verbrauchers ist demzufolge grundsätzlich zwar von hohem Gewicht, allerdings überwiegen in diesem Kontext die Nachteile, die auf Seiten der Verpflichteten entstehen.

Obwohl die verpflichtende Herkunftskennzeichnung in der geänderten Honigrichtlinie dieser Betrachtung folgend nicht ausgewogen ist, sind künftige Herausforderungen aufgrund Herkunftskennzeichnung bereits in der Fruchtsaftrichtlinie mit Art. 7 c RL 2001/112/EG und der Konfitürenrichtlinie mit Art. 6 a RL 2001/113/EG aufgestellt. Diese beiden inhaltlich gleich lautenden Regelungen legen der EU-Kommission die Pflicht auf, bis Juni 2027 einen Durchführbarkeitsbericht zur verpflichtenden Herkunftsangabe hinsichtlich der Ernteorte der für Fruchtsaft bzw. Konfitüre verwendeten Früchte vorzulegen. Vorausgegangen war dem der Vorschlag aus dem EU-Parlament, auch für diese Erzeugnisse die verpflichtende Herkunftskennzeichnung einzuführen und analog zu Honig als detaillierte Pflichtangabe vorzuschreiben, was mit einem einzigen Satz – schlicht „Transparenz für den Verbraucher" – begründet wurde. Allerdings überzeugt schon diese Begründung nicht, weil „Transparenz" auf der Ebene von Vermarktungsnormen für Lebensmittel kein Eigenzweck sein kann, sondern ein Mittel für die Erreichung eines Zwecks, z. B. Schaffung von Vertrauen oder Verhinderung von Irreführung. Unabhängig davon, dass der eigentliche Zweck unklar bleibt, würde eine analoge Regelung die unterschiedliche Komplexität bezogen auf die Herkunft der Rohware unberücksichtigt lassen, da im Unterschied zum Honig bei Fruchtsaft und Konfitüre rund 50 Fruchtarten aus rund 100 Herkünften zu Enderzeugnissen verarbeitet werden. Von besonderer Bedeutung ist dabei, dass die Herstellung dieser Erzeugnisse bislang nicht auf Herkünfte ausgerichtet ist, sondern vielmehr auf Qualitäten der Früchte und ihre Verfügbarkeiten sowie auf den Preis. So gewährleisten die Hersteller die Bereitstellung von Lebensmitteln, die qualitativ hochwertig und zugleich möglichst günstig sind. Die Qualitäten der Früchte sind nicht von ihrer geografischen Herkunft abhängig, sondern von Klima- und Wetterbedingungen, von Sorten und Pflanzengesundheit, von Anbauverfahren und Erntebedingungen sowie Transport und Lagerung. Insbesondere Ernteausfälle fordern Hersteller immer wieder heraus, Flexibilität zu beweisen, um ihre eignen Lieferverpflichtungen zuverlässig erfüllen zu können. Eine detaillierte Herkunftsangabe wäre insbesondere sowohl für die Etikettengestaltung wegen des ständigen Anpassungsbedarfs als auch für den Verbraucher wegen des Informationsumfangs zumindest bei Mehrfruchterzeugnissen eine Herausforderung. Eine verpflichtende Herkunftskennzeichnung kann vor dem Hintergrund, dass die Ausrichtung der Prozesse auf ein qualitätsfremdes Kriterium angepasst werden müssten und dadurch dauerhaft erheblicher Mehraufwand verursacht würde, nur durch einen deutlichen Nutzen gerechtfertigt werden, der nicht ersichtlich ist. Eine verpflichtende Herkunftskennzeichnung bei verarbeiteten Erzeugnissen aus Früchten hält einer Ausgewogenheitsprüfung nicht stand.

Künstliche Intelligenz in der Lebensmittelwirtschaft unter dem AI Act*

Christoph Krönke**

Im Vergleich zu anderen, greifbareren Fragestellungen stellt das Thema „Künstliche Intelligenz in der Lebensmittelwirtschaft" einen eher außergewöhnlich gelagerten Themenkomplex dar, der jedoch zunehmend an Bedeutung gewinnt. Der Einsatz von Technologien der Künstlichen Intelligenz im Lebensmittelbereich ist längst keine bloße Vision mehr, sondern eröffnet bereits in ersten Ansätzen reale Anwendungsmöglichkeiten. Die spezifischen juristischen Fragestellungen, die mit der Nutzung solcher Technologien einhergehen, sollen im Folgenden zumindest skizzenhaft dargestellt werden.

Im ersten Schritt soll ergründet werden, welche Anwendungen Künstlicher Intelligenz in der Lebensmittelwirtschaft tatsächlich denkbar und umsetzbar sind (I.). Daran knüpft die Frage an, welche rechtlichen Vorgaben für den Einsatz solcher Technologien im Allgemeinen und speziell in diesem Bereich greifen, wobei die KI-Verordnung der Europäischen Union von besonderem Interesse ist (II. und III.). Abschließend werden anhand eines Beispiels aus der Lebensmittelbranche einzelne rechtliche Vorgaben für den Einsatz von KI aufgezeigt (IV.).

I. Einführung: KI-Anwendungen im Lebensmittelbereich

Zunächst zur Einordnung: Welche Anwendungen Künstlicher Intelligenz sind im Lebensmittelbereich realistisch vorstellbar? Bereits eine einfache Recherche über gängige Suchmaschinen offenbart eine Vielzahl potenzieller Anwendungen.

---

* Der Beitrag beruht auf dem Vortrag, den ich am 18. Oktober 2025 auf dem Herbstsymposium der Forschungsstelle für Deutsches und Europäisches Lebensmittelrecht (FLMR) an der Universität Bayreuth gehalten habe. Einige der hier skizzierten Gedanken wurden bereits an anderer Stelle entwickelt, insbesondere in den beiden Beiträgen *Krönke*, Die Verwaltung 56 (2023), 31 und *ders.*, NVwZ 2024, 529. Der Vortragsstil wurde im Wesentlichen beibehalten. Für die tatkräftige Unterstützung bei der Verschriftlichung danke ich Frau *Amelie Eick*.

** **Prof. Dr. Christoph Krönke**, Lehrstuhl für Öffentliches Recht, Wirtschaftsverwaltungsrecht, Nachhaltigkeits- und Technologierecht an der Universität Bayreuth.

Dazu zählen *marktbezogene Modelle*, die in der Lage sind, die Geschmacksvorlieben der Verbraucher und die daraus resultierende Marktnachfrage vorherzusagen,[1] und mithilfe von Mustererkennung und Kaufverhaltensprognosen Preise dynamisch optimieren können.[2] Es kommen des Weiteren *individualisierte Anwendungen* zum Einsatz, etwa Empfehlungssysteme für den einzelnen *Kunden*, die ihm konkrete Lebensmittel individualisiert zum Kauf vorschlagen.[3] Auch innerhalb von Unternehmen gibt es vielfältige Anwendungen, die die *Produktion*, *Logistik* und den *Vertrieb* optimieren könnten. Dazu gehören beispielsweise Ansätze zur Vorhersage möglicher Krankheitserreger in landwirtschaftlich genutzten Gewässern,[4] eine algorithmenbasierte Optimierung des Herstellungsprozesses[5] sowie eine KI-basierte Analyse der Lagerbestandsverwaltung und Inventur.[6] Und schließlich gibt es *produktbezogene Anwendungen*, bei denen Modelle anhand von im weiteren Sinne produktbezogenen Daten trainiert werden, um Aussagen über qualitative Veränderungen bestimmter Lebensmittel treffen zu können.[7] Gerade diese letztgenannten produktbezogenen Anwendungen erscheinen aus lebensmittelrechtlicher Sicht besonders relevant, weshalb sich die folgenden Überlegungen gezielt auf diesen Bereich beziehen werden.

---

1 Siehe *Chidinma-Mary-Agbai*, GSC Biological and Pharmaceutical Sciences 13 (2020), 171 (175).

2 Siehe *BMWK*, Anwendung von Künstlicher Intelligenz im Einzelhandel, 2020, S. 2.

3 Siehe *BMEL*, KI-SusCheck – per App zu gesünderen und nachhaltigeren Lebensmitteln kommen: Smarter Einkaufen mit digitaler Assistenz, 2022; abrufbar unter https://www.bmel.de/SharedDocs/Praxisbericht/DE/kuenstliche-intelligenz/KI-SusCheck.html (zuletzt abgerufen am 20.02.2025); *Chidinma-Mary-Agbai*, GSC Biological and Pharmaceutical Sciences 13 (2020), 171 (175 f.).

4 Siehe *Qian/Murphy/Orsi/Wiedmann*, Annual Review of Food Science and Technology 14 (2023), 517 (521 f.).

5 Siehe *Fraunhofer*, Nachhaltigkeit in der Lebensmittelindustrie: Mit Künstlicher Intelligenz Lebensmittelverschwendung reduzieren, April 2021, S. 2 sowie *REIF*, Einsatz Künstlicher Intelligenz mittels innovativer Sensorkonzepte in der Backwarenindustrie, 2023, S. 8.

6 Siehe *BMWK*, Anwendung von Künstlicher Intelligenz im Einzelhandel, 2020, S. 8.

7 Siehe *DLG*, Künstliche Intelligenz in der Lebensmittelverarbeitung: Möglichkeiten und Grenzen für die Qualitätssicherung von Lebensmitteln und Getränken – Teil 1: Aktuelle Konzepte und Vorgehensweise – Ergebnisse einer internationalen Literaturrecherche, 7/2024, S. 4 ff. sowie Teil 2: Chancen und Hemmnisse aus Sicht der Praxis – Ergebnisse von Experteninterviews, 8/2024, S. 4.

Die Bezugspunkte für derartige Anwendungen betreffen die gesamte Lieferkette. Die Datengrundlage betreffend das einzelne Lebensmittel kann sich auf die einzelnen Rohstoffe beziehen, aber auch auf die Produktion, Verarbeitung und Verpackung bis hin zur Lagerung, Transport und Einzelhandel.

Mit Blick auf die Zwecke dieser Anwendungen erscheint eine Unterscheidung in *unternehmerische* und *öffentliche Zielsetzungen* sinnvoll. Aus Unternehmensperspektive stehen Produktverbesserungen, aber auch Aspekte der Lebensmittelsicherheit im Vordergrund – etwa um das Haltbarkeitsdatum eines Lebensmittels chargenscharf zu ermitteln.[8] Aus Sicht der öffentlichen Verwaltung bietet sich der Einsatz produktbezogener KI-Anwendungen im Bereich der Lebensmittelüberwachung an. So könnten diese Technologien beispielsweise im Rahmen von Routinekontrollen genutzt werden, sowie auch für Public-Health-Zwecke im weiteren Sinne eingesetzt werden, etwa zur Erfassung von Verunreinigungen in Böden oder Gewässern, welche sich, unter anderem, auf die Lebensmittel auswirken können.[9]

Der Fokus soll hier, wie bereits betont, gezielt auf produktbezogene Anwendungen gelegt werden. Zwar können auch andere Anwendungen rechtliche Fragen aufwerfen – beispielsweise die Verarbeitung personenbezogener Daten zur individualisierten Kundenansprache –, jedoch erscheint es im Kontext eines Herbstsymposiums zum Lebensmittelrecht besonders angemessen, produktbezogene Anwendungen in den Mittelpunkt zu stellen.

II. Was ist KI-Regulierung?

Damit ist nun grob umrissen, worum es geht, wenn von Künstlicher Intelligenz im Lebensmittelbereich die Rede ist. Unklar ist jedoch bislang, welche rechtlichen Vorgaben für den Einsatz Künstlicher Intelligenz gelten. Kurzum: Was ist überhaupt KI-Regulierung?

An dieser Stelle soll eine Unterscheidung zwischen zwei Formen der KI-Regulierung eingeführt werden, die in dieser Form bislang noch

8 Siehe *Fraunhofer IOSB*, visIT, 2021, S. 12 f. sowie *Fraunhofer IOSB*, Non-Destructive Quality Control using a Multi-Sensory Fruit Scanner with NIR and Microwaves, 2024.

9 Siehe *Qian/Murphy/Orsi/Wiedmann*, Annual Review of Food Science and Technology 14 (2023), 517 (524 ff., insbesondere 526).

nicht existiert. Zum einen gibt es rechtliche Vorgaben, die sich auf die Entwicklung und das Anbieten von KI-Modellen und -Systemen beziehen – dies kann als KI-Regulierung im engeren Sinne verstanden werden. Zum anderen existieren rechtliche Vorgaben, die den Einsatz und die Anwendung solcher Modelle und Systeme betreffen – dies stellt die KI-Regulierung im weiteren Sinne dar.

Eine solche anwendungsbezogene KI-Regulierung im weiteren Sinne existiert im Übrigen schon seit jeher. Wird beispielsweise eine KI eingesetzt, um einem Verbraucher ein Lebensmittel zum Kauf zu empfehlen, das vermeintlich am besten seinen geschmacklichen Präferenzen entspricht, und dabei personenbezogene Daten verarbeitet werden, findet selbstverständlich das Datenschutzrecht Anwendung, das solchen Verarbeitungen rechtliche Grenzen setzt. Auch das Verwaltungsrecht kann eine Form der KI-Regulierung darstellen. Wird ein KI-System beispielsweise eingesetzt, um hoheitliche Maßnahmen zu ergreifen – etwa Verwaltungsakte zu erlassen oder, im Kontext des Lebensmittelbereichs, Lebensmittelkontrollen durchzuführen –, greifen bestimmte verfassungsrechtliche sowie einfachgesetzliche Vorgaben, die den Einsatz einer solchen KI begrenzen können. Diese Aufzählung ließe sich zudem um zahlreiche weitere Beispiele erweitern.[10]

Zusätzlich zu diesen bereits lange bestehenden rechtlichen Vorgaben wurde nun auch ein europäisches KI-Gesetz eingeführt: der europäische „AI Act",[11] der als weltweit erste umfassende Regulierung für Künstliche Intelligenz zelebriert wurde. Dabei handelt es sich um eine Verordnung der Europäischen Union zur Festlegung harmonisierter Vorschriften für Künstliche Intelligenz, also um eine europäische KI-Verordnung. Grundlage dieser Verordnung war die Binnenmarktkompetenz der EU. Ziel des europäischen Gesetzgebers ist es also, die Funktionsfähigkeit des Binnenmarktes zu verbessern, indem er einen einheitlichen Rechtsrahmen für KI setzt. Materiell zielt die Verordnung vor allem auf den Schutz von Individualrechten ab, insbesondere auf

---

10 Zu den Bereichen anwendungsbezogener KI-Regulierung siehe bereits *Krönke*, NVwZ 2024, 529 (530 f.).

11 Verordnung (EU) 2024/1698 des Europäischen Parlaments und des Rates vom 13. Juni 2024 zur Festlegung harmonisierter Vorschriften für künstliche Intelligenz und zur Änderung der Verordnungen (EG) Nr. 300/2008, (EU) Nr. 167/2013, (EU) Nr. 168/2013, (EU) 2018/858, (EU) 2018/1139 und (EU) 2019/2144 sowie der Richtlinien 2014/90/EU, (EU) 2016/797 und (EU) 2020/1828 (Verordnung über künstliche Intelligenz), ABl. L vom 12.7.2024.

den Schutz der Grundrechte der Unionsbürgerinnen und Unionsbürger. Zudem soll ein grenzüberschreitender freier Verkehr von KI-gestützten Waren und Dienstleistungen gewährleistet werden.

Diese grundlegenden Eckdaten lassen jedoch den eigentlichen Kern der europäischen KI-Verordnung etwas in den Hintergrund treten. Dieser wird deutlich, wenn man den Lebenszyklus einer KI betrachtet und sich bewusst macht, an welchen Stellen die Verordnung eingreift – und an welchen nicht.

Deutlich wird, dass bei der Einführung eines KI-Systems zunächst dessen Zwecke definiert werden müssen. Daten müssen gesammelt und präpariert werden, mit denen das KI-Modell erstellt und trainiert wird. Das Modell ist zu testen, um sicherzustellen, dass es angemessene Ergebnisse liefert. Erst danach kann das Modell im Rahmen eines Systems in Betrieb genommen und eingesetzt werden. Bestenfalls folgen schließlich auch eine fortlaufende Überwachung und Instandhaltung des Systems.

Für den eigentlichen Einsatz von KI-Systemen und deren Instandhaltung gelten, wie bereits aufgezeigt, die allgemeinen rechtlichen Vorgaben, die als anwendungsrelevante KI-Regulierung eingeordnet werden können, darunter das Datenschutzrecht, Verwaltungsrecht und Lebensmittelrecht. Die übrigen Stationen im Lebenszyklus einer KI waren hingegen bislang kaum Gegenstand spezifischer rechtlicher Regelungen. Dies erweist sich insofern als problematisch, als die rechtlichen Vorgaben für die Anwendung von KI – etwa das Verwaltungsrecht – bestimmte Anforderungen stellen, die bereits in den vorgelagerten Stationen berücksichtigt werden müssten, insbesondere bei der Vorbereitung der Datengrundlage und dem Training des KI-Modells.[12] Damit beispielsweise der Anwender eines KI-Systems eine vom System getroffene Prognose ordnungsgemäß begründen kann, muss das System so konzipiert und gestaltet sein, dass es entsprechende Erklärungen überhaupt liefert und nicht zur berüchtigten „Black Box“ wird.[13]

Diese Regulierungslücke in Bezug auf die Entwicklung von KI-Systemen wird nun durch die hier sogenannte KI-Regulierung im engeren Sinne geschlossen, zu der insbesondere die europäische KI-Verord-

---

12 Vgl. *Krönke*, Die Verwaltung 56 56 (2023), 31 (67 ff.).
13 Siehe dazu statt vieler etwa *Martini*, JZ 2017, 1017 (1018) mit Verweis auf *Pasquale*, The Black Box Society, 2015 (passim).

nung zählt. Sie statuiert spezifische Anforderungen an die Entwicklung von KI-Systemen, unabhängig davon, welche Vorgaben später für deren Anwendung gelten. Dies ist insbesondere deshalb sinnvoll, weil Entwickler und Anwender von KI-Systemen regelmäßig nicht personenidentisch sind. Durch diese Vorgaben sollen Anwender in die Lage versetzt werden, möglichst sichere KI-Produkte auf dem europäischen Markt zu nutzen. Die KI-Verordnung ist damit genuin Produktsicherheitsrecht.[14]

III. KI-Regulierung im engeren Sinne: Die KI-Verordnung

Ein Überblick zeigt, welche Inhalte die KI-Verordnung überhaupt umfasst: In sachlicher Hinsicht ist die Verordnung anwendbar auf KI-Systeme, wie sie in der Verordnung selbst definiert werden. Die Definition der Verordnung knüpft dabei an eine Definition von KI der OECD an, wonach ein KI-System definiert wird als ein *„machine-based system that, for explicit or implicit objectives, infers, from the input it receives, how to generate outputs such as predictions, content, recommendations, or decisions that can influence physical or virtual environments*“.[15]

Kennzeichnend für ein solches System ist zunächst, dass es bestimmte Aussagen aus einem Input ableitet. Wie aus den Erwägungsgründen der Verordnung hervorgeht, bezieht sich der europäische Gesetzgeber dabei nicht auf irgendeinen Input, sondern zielt sichtlich vor allem auf datenbasierte Modelle ab, die auf der Basis großer Mengen an Daten trainiert werden. Er möchte damit den KI-Begriff der Verordnung sehr deutlich von einfachen, traditionellen Softwaresystemen abgrenzen, auch dann, wenn diese besonders komplex programmiert sind (Erwägungsgrund 12). Auf Grundlage eines derartigen Inputs generiert ein KI-System dann einen Output, der die physische oder virtuelle Umwelt beeinflussen kann – es geht also um Systeme, die in einem bestimmten sozialen Kontext eingesetzt werden sollen. Darüber hinaus enthält die Verordnung mehrere Ausnahmetatbestände: Insbesondere soll sie nicht für Systeme gelten, die zu militärischen Zwecken (Art. 2 Abs. 3

14 Siehe dazu bereits *Krönke*, NVwZ 2024, 529 (530 f. und 533). Zum Regulierungsansatz des Produktsicherheitsrechts siehe *Röhl*, Akkreditierung und Zertifizierung im Produktsicherheitsrecht, 2000, S. 3 ff.

15 Abrufbar unter https://oecd.ai/en/wonk/ai-system-definition-update (zuletzt abgerufen am 20.02.2025).

KI-VO), zu Forschungszwecken (Art. 2 Abs. 6 KI-VO) oder ähnlichem entwickelt werden.

Für die von der Verordnung erfassten Systeme werden nun verbindliche Vorgaben für bestimmte Systemtypen festgelegt. Bestimmte Anwendungen sollen von vornherein verboten sein, sodass die Verordnung in diesem Bereich eine Art KI-Blacklist festlegt (Art. 5 KI-VO). Die überwiegende Anzahl der Vorschriften der Verordnung betrifft sodann die sogenannten Hochrisikosysteme, die in bestimmten, besonders sensiblen Bereichen eingesetzt werden (Art. 6 ff. KI-VO). Darüber hinaus umfasst die Verordnung auch sogenannte KI-Modelle mit allgemeinem Verwendungszweck (Art. 51 ff. KI-VO), insbesondere also auch die berüchtigten generativen KI-Modelle wie ChatGPT. Für alle übrigen KI-Systeme sieht die Verordnung hingegen nur sehr wenige Vorgaben vor (Art. 50 KI-VO).

Kurz sollen hier vor allem auch die verbotenen Anwendungen sowie die Regulierung von Hochrisikosystemen innerhalb der KI-Verordnung beleuchtet werden. Eine vertiefte Auseinandersetzung ist an dieser Stelle nicht erforderlich, da KI-Systeme im Lebensmittelbereich regelmäßig nicht unmittelbar unter die Vorgaben der Verordnung fallen. Allerdings könnte die Verordnung – wie noch näher erläutert wird – zumindest auch für die Lebensmittelüberwachung relevant sein.

Schlichtweg verboten sein sollen unter der KI-Verordnung zunächst Systeme mit potenziell schädigender Wirkung zur unterschwelligen Beeinflussung oder Ausnutzung von Schwäche oder Schutzbedürftigkeit (Art. 5 Abs. 1 Buchst. a) und b) KI-VO). Für den Lebensmittelbereich dürfte dies kaum von Bedeutung sein, es sei denn, Systeme würden direkt im Kontakt mit Verbrauchern eingesetzt und gezielt verbraucherschädliche Zwecke verfolgen. Ebenfalls untersagt sind Bewertungssysteme, die zu einer zusammenhangslosen oder unverhältnismäßigen Schlechterstellung führen (Art. 5 Abs. 1 Buchst. c) KI-VO) – hierbei stand offensichtlich das Konzept des Social Scoring nach chinesischem Vorbild Pate.[16] Auch hier ist es äußerst schwierig, ein passendes Beispiel aus der Lebensmittelwirtschaft zu konstruieren. Ebenfalls grundsätzlich verboten sind biometrische Echtzeit-Fernidenten-

16 Siehe dazu etwa *Meissner*, Chinas gesellschaftliches Bonitätssystem, 2017; abrufbar unter https://merics.org/sites/default/files/2020-05/Chinas%20gesellschaftliches%20Bonit%C3%A4tssystem.pdf (zuletzt abgerufen 20.02.2025).

tifizierungssysteme in öffentlich zugänglichen Räumen durch Strafverfolgungsbehörden (Art. 5 Abs. 1 Buchst. h) KI-VO) – ein Anwendungsfall, der für den Lebensmittelbereich ebenfalls keine Relevanz besitzt. Damit erscheint die KI-Blacklist insgesamt für den Lebensmittelbereich als nicht relevant.

Im Kern der KI-Verordnung liegen demgegenüber die sogenannten Hochrisikosysteme (Art. 6 ff. KI-VO). Dabei handelt es sich um Systeme, die – vereinfacht ausgedrückt – ein erhebliches Risiko für die Gesundheit, Sicherheit oder die Grundrechte einer Person darstellen. Der europäische Gesetzgeber hat hierzu bestimmte Bereiche definiert, in denen er Hochrisikosysteme typischerweise verortet (Art. 6 Abs. 2 KI-VO i. V. m. Anhang III). Diese abschließend definierten Bereiche umfassen die Biometrik, kritische Infrastrukturen, Bildung, Beschäftigung, grundlegende Leistungen, Sicherheitsverwaltung und Strafverfolgung. Die deutsche Übersetzung des Begriffs „Strafverfolgung" erscheint dabei zu eng gefasst, da in anderen Sprachfassungen, insbesondere im Englischen, der Begriff des „law enforcement" verwendet wird.[17] Dies schließt m. E. zumindest auch die vollziehende Sicherheitsverwaltung mit besonders einschneidenden polizeilichen Befugnissen ein. Darüber hinaus zählen auch die Bereiche Migration und Asyl sowie die Rechtspflege zu den Hochrisikobereichen.

Bemerkenswert ist, dass der Lebensmittelbereich in den Hochrisikobereichen der KI-Verordnung nicht ausdrücklich erfasst ist, obwohl insbesondere die Lebensmittelsicherheit erhebliche Bedeutung hat. Nur in bestimmten Fällen dürften daher produktbezogene KI-Anwendungen unter die KI-Verordnung fallen – insbesondere, wenn die Anwendungen unmittelbar dazu genutzt werden sollen, einschneidende aufsichtsrechtliche Eingriffsmaßnahmen zu treffen oder Sanktionen zu verhängen. In solchen Fällen wäre der Anwendungsbereich vermutlich dem des „law enforcement" zuzuordnen. Der schlichte Einsatz von KI, insbesondere im Rahmen von Routineaufgaben der Lebensmittelkontrolle, dürfte dagegen nicht unter einen der Hochrisikobereiche fallen.

Im Hochrisikobereich statuiert die KI-Verordnung einige spezifische Anforderungen an die Entwicklung der Systeme, etwa die Implementierung eines Risikomanagementsystems (Art. 9 KI-VO), besondere Anforderungen an den Umgang mit Trainings-, Validierungs- und Testdaten

17 So auch *Voigt/Hullen*, Handbuch KI-Verordnung, 2024, S. 62 f.

(Art. 10 KI-VO), die Dokumentation (Art. 11 KI-VO) sowie Aufzeichnung (Art. 12 KI-VO) und eine Pflicht zur Transparenz und zur Offenlegung von Informationen gegenüber den Anwendern (Art. 13 KI-VO) sowie Vorkehrungen zur Ermöglichung einer menschlichen Aufsicht über die Systeme (Art. 14 KI-VO). Insgesamt handelt es sich hierbei um sehr technische Vorgaben, die bereits von Anfang an bei der Entwicklung eines KI-Systems zu beachten sind. Diese Vorgaben entsprechen dem Kerngedanken der KI-Verordnung, nämlich die eingangs aufgedeckte Regulierungslücke zu schließen und sicherzustellen, dass jedenfalls im europäischen Binnenmarkt ausschließlich sichere und kontrollierbare KI-Systeme in Umlauf gebracht werden. Bemerkenswert ist dabei, dass die Anbieter von KI-Systemen die primären Normadressaten der Verordnung sind. Damit sind also diejenigen Personen oder Stellen gemeint, die ein KI-System entwickeln oder entwickeln lassen und dieses anschließend in den Verkehr bringen oder in Betrieb nehmen (Art. 3 Nr. 2 KI-VO). Dieser Ansatz entspricht dem produktrechtlichen Charakter der KI-Verordnung, die – wie bereits erwähnt – spezifisches Produktsicherheitsrecht darstellt. Händler und Betreiber der Systeme treffen hingegen kaum oder lediglich sekundäre Pflichten, wie etwa die Verpflichtung zur Beachtung der Gebrauchsanweisung (Art. 24 und 26 KI-VO).

Hinsichtlich der Durchführung sieht die KI-Verordnung unterschiedliche Vollzugsmechanismen vor. Für Hochrisiko-KI-Systeme hat der Gesetzgeber einen produktsicherheitsrechtlichen Vollzugsansatz gewählt. Sofern die Systeme bestimmten „harmonisierten Normen“ genügen (Art. 40 ff. KI-VO) und eine Konformitätsbewertung entweder durch interne Kontrollen oder sogenannte „notifizierte“ Stellen[18] durchgeführt worden ist (Art. 43 KI-VO), dürfen sie auf den Markt gebracht werden. Für KI-Modelle mit allgemeinem Verwendungszweck hingegen ist eine hoheitliche Überwachung vorgesehen. Auf diesen Aspekt soll hier jedoch nicht näher eingegangen werden.

18 Eine Übersicht mit den notifizierten Stellen ist abrufbar unter https://webgate.ec.europa.eu/single-market-compliance-space/#/notified-bodies/notified-body-list (zuletzt abgerufen am 20.02.2025).

IV. Anwendungsrelevante Vorgaben: KI-Regulierung im weiteren Sinne

Stattdessen soll hier nun ein Blick auf die anwendungsrelevanten Vorgaben für den Einsatz von Künstlicher Intelligenz im Lebensmittelbereich geworfen werden, also auf die KI-Regulierung im weiteren Sinne.

Auf der Suche nach einem passenden Beispiel bietet sich ein konkreter Anwendungsfall aus dem Tagungsprogramm des 23. FLMR-Herbstsymposiums an: ein Vortrag zum Thema KI-basiertes Lebensmittel-Monitoring. Worum könnte es dabei gehen?

Auf der Grundlage umfassender Daten zum Zustand eines Lebensmittels oder seiner Rohstoffe in sämtlichen Phasen der Produktion, Lagerung und Weiterverarbeitung kann ein KI-Modell entwickelt werden. Dieses Modell fungiert als eine Art „digitaler Zwilling", der das Lebensmittel virtuell abbildet. Mithilfe dieses Modells lässt sich der Zustand des Lebensmittels unter gleichbleibenden oder veränderten Umweltbedingungen prognostizieren.[19]

Als mögliche Anwendungen eines solchen KI-basierten Lebensmittel-Monitorings bieten sich zunächst unternehmerische Zwecke an – etwa die bereits erwähnte individualisierte Bestimmung des Verbrauchsdatums, scharf nach individueller Charge. Zum anderen kommt auch ein Einsatz im Rahmen der behördlichen Lebensmittelüberwachung in Betracht. Ein solches Modell könnte etwa zur Unterstützung von Routinekontrollen genutzt werden. Zeigt das Modell für ein bestimmtes Lebensmittel kein erhöhtes Risiko an, könnte die Aufsichtsbehörde von einer weiteren Prüfung absehen, möglicherweise perspektivisch sogar auf Vor-Ort-Kontrollen verzichten. Weist das Modell hingegen auf ein erhöhtes Risiko hin, könnten gegebenenfalls auf Grundlage dieser Risikoprognose weitere Maßnahmen ergriffen werden, etwa Sofortmaßnahmen oder zumindest Anlasskontrollen. Im

19 Siehe dazu etwa das Forschungsprojekt „Zukunftslabor2030", das die Einsatzmöglichkeiten digitaler Zwillinge zur genauen Prognose der Verderbsprozesse von Fleischprodukten untersucht, um Lebensmittelverluste bei der Fleischproduktion zu reduzieren; https://www.bmel.de/SharedDocs/Praxisbericht/DE/kuenstliche-intelligenz/Zukunftslabor2030.html (zuletzt abgerufen am 20.02.2025). Siehe dazu auch die Pressemitteilung des Fraunhofer IVV; abrufbar unter https://www.ivv.fraunhofer.de/de/presseinformationen/zukunftslabor2030.html (zuletzt abgerufen am 20.02.2025).

Folgenden soll der Fokus nun auf dieses zweite Anwendungsbeispiel gelegt werden.

Zunächst sind dabei die verfassungsrechtlichen Vorgaben zu betrachten, die für den Einsatz einer solchen Anwendung im Rahmen der Lebensmittelüberwachung gelten würden. Mögliche Grenzen des Einsatzes eines solchen Modells könnten sich aus einem etwaigen Recht auf menschliche Intervention sowie einem Distributed-Ledger-Technologie spezifischen Gesetzesvorbehalt ergeben.

Gemeint ist damit Folgendes: Verlässt sich eine Behörde bei der Durchführung hoheitlicher Maßnahmen – etwa dem Erlass eines Verwaltungsaktes oder bei einem Realakt wie einer tatsächlichen Kontrolle – ausschließlich auf die Prognose eines Computersystems, könnten betroffene Unternehmen einwenden, dass es unzulässig sei, ausschließlich durch Computerprogramme verwaltet zu werden, und dass ein Recht auf menschliche Intervention bestehe, dass also immer noch ein Mensch die Verwaltungsentscheidung zumindest überblicken müsse.

Selbst wenn eine Behörde befugt wäre, sich ausschließlich auf eine computergestützte Prognose zu verlassen, so bedarf es doch aufgrund der damit verbundenen Risiken für die Betroffenen – beispielsweise aufgrund einer fehlenden Begründbarkeit der KI-Prognose – wenigstens einer spezifischen gesetzlichen Ermächtigung zum Einsatz einer solchen KI.

Richtigerweise lässt sich dem geltenden Verfassungsrecht wohl allerdings weder ein Anspruch auf menschliche Intervention noch ein besonderer Gesetzesvorbehalt entnehmen.[20] Genauso wenig wie eine Behörde daran gehindert ist, ein privates Prüflabor in die Untersuchung eines Lebensmittels einzubinden, auch ohne spezifische gesetzliche Grundlage, bedarf es für den Einsatz eines Computersystems ganz allgemein solcher Vorkehrungen, auch wenn die Entscheidungsbeiträge des Systems durchaus erheblichen Einfluss auf den Inhalt des Verwaltungshandelns haben können.

Ebenso wie beim Einsatz privater Verwaltungshelfer wird man dem Staat in einer solchen Konstellation lediglich gewisse Gestaltungspflichten auferlegen müssen, denn aufgrund seiner Bindung an rechts-

20 So bereits *Krönke*, Die Verwaltung 56 (2023), 31 (52 ff. und 59).

staatliche Prinzipien und seiner Gemeinwohlverpflichtung darf der Staat die Letztentscheidung über hoheitliche Maßnahmen nicht an Dritte übertragen – unabhängig davon, ob es sich um private Verwaltungshelfer oder Computersysteme handelt.[21] Der Staat muss sich die Befugnis vorbehalten und tatsächlich bewahren, die betreffenden hoheitlichen Maßnahmen inhaltlich zu prüfen und insbesondere auch sicherzustellen, dass fehlerhafte Prognosen – sowohl positive als auch negative – vermieden und gegebenenfalls korrigiert werden können.

Zudem ist der Staat im Interesse eines effektiven Rechtsschutzes für die betroffenen Unternehmen dazu verpflichtet, den Betroffenen die Möglichkeit zu gewährleisten, hoheitliche Maßnahmen, die auf der Basis von KI-Prognosen getroffen werden – wie etwa Anlasskontrollen oder weitergehende Sofortmaßnahmen der Lebensmittelüberwachung –, auch im Einzelfall gerichtlich überprüfen lassen zu können. Dazu gehört auch die Möglichkeit, die KI-generierte Prognose im Einzelfall bestreiten und gegebenenfalls widerlegen zu können.[22] Dabei muss insbesondere berücksichtigt werden, dass KI-basierten Entscheidungen und Prognosen bei rein psychologischer Betrachtung oftmals eine Art faktische Richtigkeitsvermutung beigemessen wird – man spricht auch von einem sogenannten „automation bias".[23] Im Rahmen einer gerichtlichen Überprüfung einer behördlichen Anordnung auf Basis einer KI-Prognose darf diese daher nicht der Kontrolle entzogen werden.

Darüber hinausgehend greifen schließlich auch einfachgesetzliche verwaltungsrechtliche Vorgaben ein, wozu einerseits die Regeln des allgemeinen Verwaltungsrechts gehören – etwa die Wahrung des Untersuchungsgrundsatzes oder die Wahrnehmung von Ermessensspielräumen durch die Verwaltungen, die nicht dadurch unterminiert werden dürfen, dass die Verwaltung blind einer KI-Prognose folgt, auch wenn die Besonderheiten des Einzelfalls ein anderes nahelegen, andererseits aber auch die materiell-rechtlichen Vorgaben des betreffenden

---

21 Zur Letztentscheidungsverantwortung des Staates im Rahmen der (auch digitalisierten) Wahrnehmung staatlicher Aufgaben siehe bereits *Krönke*, Die Verwaltung 56 (2023), 31 (60 ff.).

22 Vgl. *Krönke*, Die Verwaltung 56 (2023), 31 (63 f.).

23 Vgl. dazu *Wischmeyer*, AöR 143 (2018), 1 (27); *Hermstrüwer*, AöR 145 (2020), 479 (492).

Fachrechts berücksichtigt werden müssen, hier also des Lebensmittelrechts.[24]

So muss der Einsatz eines digitalen Zwillings im Rahmen der Lebensmittelüberwachung gewiss die förmlichen Anforderungen der Kontrollverordnung und der einschlägigen Verwaltungsvorschriften beachten, zu denen de lege lata eine Kontrolle vor Ort gehören dürfte. Des Weiteren müssen auch die tatbestandlichen Voraussetzungen der beanspruchten Befugnisnorm vorliegen – eine intensivere Kontrolle etwa ist daher nur zulässig, wenn ein Verdachtsfall vorliegt und eine positiv ausgefallene KI-Prognose als ein solcher Verdachtsfall gewertet werden kann. Zwar liegt es nahe, die ausgegebene Risikoprognose eines sorgfältig entwickelten und sachgerecht verwendeten KI-Systems regelmäßig als einen Verdacht begründenden Umstand zu werten, ein genereller Kurzschluss von einer Computerprognose auf ein rechtliches Tatbestandsmerkmal ist allerdings unzulässig. Die berühmte Phrase „Code is Law“[25] – oder in diesem Zusammenhang weitergedacht: „Was die KI sagt, ist rechtens!“ – stellt keine juristisch tragfähige Regel dar, sondern eine Warnung davor, KI-basierte Prognosen der rechtlichen Überprüfung zu entziehen.

An dieser Stelle erscheint es sachgerecht, die Belastbarkeit einer KI-Prognose zu Verwaltungszwecken wohl auch davon abhängig zu machen, ob die verantwortliche Behörde darlegen kann, dass bei der Entwicklung des KI-Modells eine Sorgfalt angewendet wurde, die den prozeduralen Anforderungen der KI-Verordnung für Hochrisiko-KI-Systeme gleichkommt. Dies hätte zur Folge, dass eine Behörde bei der Beschaffung von KI-Systemen im Wege der Auftragsvergabe in der Leistungsbeschreibung einfordern muss, dass die Entwicklung des Systems den Vorgaben der Art. 6 ff. KI-VO entspricht. Auf diesem Weg kann die KI-Verordnung mittelbar relevant für den Einsatz von KI in der Lebensmittelüberwachung werden.

VI. Perspektiven

Damit sollte nun ein kleiner Überblick in die rechtlichen Vorgaben für die Entwicklung und den Einsatz von Künstlicher Intelligenz in

---

24 Vgl. *Krönke*, Die Verwaltung 56 (2023), 31 (67 ff.).

25 Die Phrase geht auf den MIT-Professor *William J. Mitchell* zurück. Siehe in diesem Zusammenhang auch *Lessig*, Code and other Laws of Cyberspace, 1999.

der Lebensmittelwirtschaft gegeben worden sein. Perspektivisch ist davon auszugehen, dass KI-Anwendungen zunehmend auch in diesem Bereich zum Einsatz kommen werden. Die bestehende Rechtsordnung erscheint grundsätzlich gut darauf vorbereitet, diesen Entwicklungen zu begegnen, wobei gewiss im Detail weiterhin auch Optimierungspotenzial besteht.

Es könnte erwogen werden, den Lebensmittelbereich als Hochrisikobereich einzustufen, wodurch sämtliche hier diskutierten Anwendungen automatisch in den Anwendungsbereich der europäischen KI-Verordnung fallen würden. Dies hätte dann zur Folge, dass alle, auch vermeintlich harmlose KI-Anwendungen, den produktsicherheitsrechtlichen Anforderungen der Verordnung gerecht werden müssten. Dieser pauschale, bereichsbezogene Ansatz der KI-Verordnung erscheint grundsätzlich jedoch weniger überzeugend, wohingegen eine gezielte Einbeziehung spezifischer Bereiche, beispielsweise der Lebensmittelsicherheit, wohl vorzuziehen wäre. Über die Ausgestaltung solcher Regelungen wird jedoch sicherlich noch diskutiert werden.

Analytik, Künstliche Intelligenz und Digitaler Zwilling – Herausforderungen und Chancen am Beispiel von vorverpacktem Schweinehackfleisch

Sven Böckelmann, Matthias Brunner, Katja Brzezinski-Hofmann, Martin Mühling, Manuela Peukert, Heinar Schmidt und Mareike Wenning*

1. Einleitung

Bei der Bewertung des Frischezustandes von Lebensmitteln müssen die gestiegenen Ansprüche des Verbrauchers an die Qualität mit den Bedürfnissen der Lebensmittelhersteller und des Handels in Einklang gebracht werden. Es handelt sich hier um einen der zentralen Punkte im Spannungsfeld zwischen Lebensmittelsicherheit und Lebensmittelverschwendung, denn die Frische von Lebensmitteln beeinflusst nicht nur ihre sensorischen Eigenschaften, sondern auch ihre Sicherheit und Haltbarkeit. Gerade bei frischen und sehr leicht verderblichen Waren wie Fleisch und Fleischprodukten können variierende Bedingungen entlang der Lebensmittelkette – von der Herstellung über den Transport und den Einzelhandel – die Produktqualität beeinflussen, noch bevor sie beim Verbraucher ankommen. Diese Beeinflussung der Produktqualität hängt dabei sowohl von dynamischen Veränderungen hinsichtlich physikochemischer Vorgänge als auch ihres Mikrobioms, also der Gesamtheit der im betreffenden Lebensmittel vorkommenden Mikroorganismen ab.

Derzeit wird der Status der Produktqualität üblicherweise durch sensorische Tests und mikrobiologische Laboranalysen erfasst und bewertet. Diese Analysen sind mit hohem Aufwand und Kosten verbunden. Ein kontinuierliches Monitoring der Veränderungen von Frischeprodukten ist mit ihnen nicht zu realisieren.

Hier setzt das vom Bundesministerium für Ernährung und Landwirtschaft geförderte Projekt „Zukunftslabor 2030“ (ZL2030) an. Im Rahmen dieses interdisziplinären Projektes soll mit Hilfe künstlicher In-

---

* **Zu den Autoren:** Siehe Beitragsende, S. 99.

telligenz eine kontinuierliche Prognose von Lebensmittelqualität und -sicherheit ermöglicht werden, indem die Auswirkungen von schwankenden Produktions- und Distributionsparametern in Echtzeit bewertet werden.

Für die exemplarische Matrix, vorverpacktes Schweinehackfleisch, sollen dafür die Verderbsprozesse modelliert werden. Als Grundlage dieser Modellierung werden neben einer sensorischen Bewertung und Keimzahlbestimmungen auch Daten verschiedener moderner Messverfahren wie spektroskopischer Schnellmethoden, spektrometrischer Analysen sowie des Next Generation Sequencing (NGS) herangezogen. Hierdurch fließen neben den klassischen Qualitätsparametern also u.a. auch Messergebnisse zum Peptid- und Metabolitenmuster des Fleischprodukts, zu den volatilen Verbindungen (Volatilom) sowie zur Zusammensetzung des Mikrobioms in die Erstellung eines digitalen Zwillings (DZ) ein.

Dieser DZ ist produkt- und produktionschargenspezifisch und soll aufgrund der integrierten Messdaten die verschiedenen dynamischen Veränderungen im Produkt entlang der Lebensmittelkette abbilden können und so die Prognose eines chargenspezifischen[1] Verbrauchsdatums ermöglichen. Dies hat nicht nur eine wirtschaftliche Relevanz für Hersteller und Handel sowie eine ökologische Dimension im Sinne der Nachhaltigkeit, sondern leistet auch einen Beitrag zur Erhöhung und Gewährleistung von Lebensmittelsicherheit.

Im Folgenden werden neben einem Auszug analytischer Daten und dem Konzept der Datenverarbeitung, Zukunftsszenarien zur Verwendung des DZ und der lebensmittelrechtliche Rahmen für seine Anwendung entlang der Lebensmittelkette dargestellt und erörtert.

2. Konzeptionelles Vorgehen

Der Fokus des Projekts liegt auf der Abbildung der Veränderungen von unter Schutzatmosphäre verpacktem (MAP) Schweinehackfleisch in einem DZ in Abhängigkeit von den Lagerbedingungen.

Neben dem umfangreichen Teilbereich der Datenerhebung an speziell für das Projekt gefertigten Schweinehack-Mustern und der folgenden Datenzusammenführung und -auswertung sowie der Erstellung des DZ wird eine abschließende Prüfung der Vorhersagegenauigkeit, Robust-

1 Als Charge wird hier eine vom Hersteller bestimmte und entsprechend gelabelte Einheit von Produkten verstanden (vgl. Art. 18 BasisVO iVm § 1 LKV).

heit und Übertragbarkeit im Rahmen eines Praxistests durchgeführt. Zudem ist die Bereitstellung einer Plattform zum Austausch von Daten und Informationen entlang der gesamten Lebensmittelkette auf Basis von GS1 EPCIS Teil des Projekts. In diesen Kommunikationsweg wird der DZ eingebunden und auf diese Weise die Übermittlung von Daten an den DZ und der Vorhersageergebnisse des DZ zurück an den spezifischen Nutzer gesteuert.

Der analytisch-datenbasierte Teil des Projekts wird flankiert von einer Machbarkeitsstudie zur Einbindung des DZ in die Praxis. Hier werden potentielle Zukunftsszenarien zur Nutzung entworfen sowie lebensmittelrechtlich bewertet. Zentraler Aspekt der lebensmittelrechtlichen Bewertungen ist die Vergabe des Verbrauchsdatums sowie dessen Änderung vor dem *Point of Sale.*

Die interdisziplinäre Aufgabenstellung wird von einem Forschungskonsortium bearbeitet, das neben Forschungseinrichtungen wie dem Max Rubner-Institut – Bundesforschungsinstitut für Ernährung und Lebensmittel – Institut für Sicherheit und Qualität bei Fleisch in Kulmbach, dem Bundesinstitut für Risikobewertung, dem Fraunhofer IVV in Freising, der Technischen Hochschule Deggendorf, der Universität Bayreuth mit dem Lehrstuhl für Bioanalytik und Lebensmittelanalytik und der Forschungsstelle für Lebensmittelrecht, mit dem Bayerischen Landesamt für Gesundheit und Lebensmittelsicherheit auch die beiden Unternehmen Benelog und Tsenso umfasst.

3. Analyse des Verderbsprozesses von Schweinehackfleisch

Für den Aufbau einer umfassenden Datenbasis zur Beschreibung des Verderbs von Schweinehackfleisch wurden im Technikum des MRI in Kulmbach standardisierte Modellproduktionen von MAP-verpacktem Hackfleisch hergestellt, kontrolliert bei verschiedenen Temperaturen und über unterschiedliche Zeiträume gelagert und zu definierten Zeitpunkten an die Projektpartner zur Durchführung der jeweiligen Analytik verteilt. Dieses Vorgehen stellte sicher, dass alle analytischen Daten synchronisiert und mit vergleichbarer Probenmatrix erhoben wurden. Ein Schwerpunkt der Modellproduktionen lag auf der Lagerung bei 2 °C, der rechtlich vorgeschriebenen Lagertemperatur für Hackfleischprodukte. In diesem Fall betrug die maximale Lagerdauer 17 Tage; neun Zeitpunkte wurden für die Durchführung der Analytik gewählt.

Sowohl physikochemische Prozesse als auch mikrobiologische Veränderungen wirken sich auf die molekulare Zusammensetzung des Produktes und damit seinen Qualitätszustand aus. Die für die Erstellung des DZ gewählten qualitäts- und verderbnisrelevanten Parameter müssen deshalb in ihrer Gesamtheit geeignet sein, die Veränderungsprozesse und den jeweiligen Qualitätszustand des Produkts zu erfassen.

Daher wurden Daten zum mikrobiologischen Status hinsichtlich Keimzahl und Diversität, von physikalischen Parametern wie pH-Wert und Farbe sowie biochemischen Parametern wie Peptid- und Metabolitenprofile des Fleisches sowie der flüchtigen Verbindungen im Kopfraum der Verpackung erhoben. Spektroskopische Fingerprints und der sensorische Gesamteindruck komplettierten das analytische Spektrum. Für die Erhebung dieser Daten wurden klassische Methoden mit modernen Verfahren kombiniert. Ausschlaggebend für die Beurteilung der Verzehrsgeeignetheit und damit auch des Verderbszustands ist in der amtlichen Lebensmittelüberwachung der sensorische Eindruck des Lebensmittels. Dies ist zudem der alleinige Parameter, der auch von Verbraucherseite geprüft werden kann. Der sensorische Gesamteindruck ist daher der Leitparameter für die Beurteilung des Verderbs.

Prozesse, die den augenfälligen Verderb von Hackfleisch verursachen, sind biochemisch und mikrobiologisch bedingt und stark abhängig von den Lagerungsbedingungen wie Temperatur und Schutzgasatmosphäre. Seitens der Chemie bewirken Oxidationsprozesse, dass das im Gewebe enthaltene Fett ranzig wird und entsprechende Abbauprodukte zu einer negativen sensorischen Wahrnehmung beitragen. Des Weiteren finden fleischeigene enzymatische Abbauprozesse statt, welche zu einer fortschreitenden Zersetzung von Proteinen führen. Diese Autolyse verläuft nach einem weitgehend konstanten Muster und trägt zur Veränderung von Textur, Wasserbindung und Geruch bei. Darüber hinaus liefern autolytische Prozesse niedermolekulare Abbauprodukte wie freie Aminosäuren und Peptide, welche Mikroorganismen als leicht verfügbare Kohlenstoff- und Stickstoffquellen dienen und somit deren Wachstum zusätzlich begünstigen. Parallel dazu fördern mikrobiologische Aktivitäten – insbesondere durch spezifische Verderbniserreger – die Bildung flüchtiger Verbindungen, welche die sensorische Qualität maßgeblich beeinträchtigen. Das Zusammenspiel dieser biochemischen und mikrobiellen Prozesse macht Hackfleisch besonders anfällig für raschen Verderb. Die mikrobiologischen Veränderungen hängen dabei wesentlich von der Gesamtkeimzahl sowie der Zusammensetzung der Bakterienflora, Mikrobiom genannt, ab. Die Keimzahl ist neben der Sensorik der bislang einzige Parameter, der für eine Beurteilung des Frischezustands von Hackfleisch bestimmt wird. In zehn durchgeführten Versuchsreihen zur Lagerung bei 2 °C lagen die Keimzahlen (bestimmt wurde jeweils die sog. Gesamtkeimzahl) zu Beginn der Lagerung zwischen 10^4 und 10^5 koloniebildenden Einheiten pro Gramm (KbE/g) und stiegen auf Werte an Tag 17 von 10^6 bis 10^8 KbE/g. Auffallend war die große Varianz zwischen den einzelnen Produktionschargen, obwohl das Fleisch aus demselben Schlachthof stammte und die Herstellung im selben Technikum (Max Rubner-Institut) durchgeführt wurde. Während die Gesamtkeimzahl sich am Tag der Verpackung um eine Log-Stufe unterschied (10^4 und 10^5 KbE/g), erreichte sie an Tag 10 nach Verpackung die höchste Varianz mit bis zu drei Log-Stufen Unterschied zwischen den Versuchsreihen (10^4 bis 10^7 KbE/g). Am Ende der Lagerdauer nach 17 Tagen war ein Unterschied von circa 2 Log-Stufen feststellbar (10^6 und 10^8 KbE/g).

Dabei waren nicht nur zahlenmäßige Unterschiede offensichtlich, sondern auch das Mikrobiom wies eine divergierende Zusammensetzung auf. Bestimmt über das DNA-Metabarcoding, eine Methode des Next Generation Sequencing, wurde der Verlauf der Floraverschiebung über die fortschreitende Lagerung beschrieben. So waren in einigen Versuchsreihen am Anfang der Lagerzeit vor allem Pseudomonaden vorhanden, während in anderen eine gemischte Startflora unterschiedlicher Ausprägung aus z. B. verschiedenen Milchsäurebakterien, Spezies der Gattung *Acinetobacter* und verschiedenen Gattungen von Enterobakterien vorlag. Dementsprechend unterschiedlich entwickelte sich auch die Mikrobiota im Verlauf der Lagerung. Allerdings waren einige Gemeinsamkeiten feststellbar. So stieg generell die relative Häufigkeit von Milchsäurebakterien mit der Lagerzeit, während viele Gattungen des Anfangsmikrobioms verdrängt wurden.

Die Ergebnisse zeigen eindrücklich, dass bei der Herstellung von Schweinehackfleisch eine erhebliche chargenbezogene Varianz in der Ausgangsbeschaffenheit vorliegt, die sich im Verlauf der Lagerung weiter ausprägt und vergrößert. Generell besteht hier für Hersteller die Schwierigkeit, ein möglichst zutreffendes Verbrauchsdatum zu vergeben. Ziel des DZ ist, die Vergabe des Verbrauchsdatums anhand chargenspezifischer Vorhersagen zu erleichtern.

4. Vorhersage von Auswirkungen einer Kühlkettenunterbrechung

Die VO (EG) Nr. 852/2004 verlangt von Lebensmittelunternehmern die Einhaltung der einschlägigen Hygienevorschriften der genannten VO, zu denen u. a. das Aufrechterhalten der Kühlkette gehört. Für Hackfleisch legt die VO (EG) Nr. 853/2004 eine maximale Kerntemperatur von 2 °C fest, die auch während der Lagerung und Beförderung einzuhalten ist.

Im Havariefall kann allerdings derzeit mit den klassischen Methoden der Qualitätsbestimmung keine Abschätzung der Auswirkungen von Kühlkettenunterbrechungen auf das Produkt vorgenommen werden. Im Kontext der Generierung des DZ als Tool zur Vorhersage der Qualitätsentwicklung ist die Untersuchung des Einflusses von Kühlkettenunterbrechungen auf das Verbrauchsdatum daher eine relevante Fragestellung. In Versuchen zur Lagerung bei 2 °C mit einer Kühlkettenunterbrechung von 6 oder 12 Stunden am zweiten Tag der Lagerung wurden die Auswirkungen auf die Qualitätsentwicklung von Schweinehackfleisch untersucht und das Vorhersagepotential der eingesetzten Analytik getestet. Im Folgenden werden als Auszug der Ergebnisse Daten aus Versuchsreihen zur Lagerung bei 2 °C und der Kühlkettenunterbrechung von 12 Stunden dargestellt.

Insgesamt wurden drei Versuchsreihen durchgeführt. In jeder Versuchsreihe wurde je eine Charge Schweinehackfleisch hergestellt und verpackt. Ein Teil der Charge wurde über die gesamte Lagerungsdauer von 17 Tagen nach Herstellung konstant bei 2 °C gelagert. Beim zweiten Teil der Proben wurde nach zwei Tagen Lagerung bei 2 °C die Temperatur für 12 Stunden auf 14 °C erhöht und danach wieder für die restliche Lagerzeit auf 2 °C gesenkt.

Bei der Untersuchung der mikrobiologischen Parameter fiel auf, dass am ersten Tag nach der Kühlkettenunterbrechung nur in einer der drei Versuchsreihen mit Kühlkettenunterbrechung eine höhere Keimzahl feststellbar war als ohne. Nach acht Tagen Lagerdauer lagen die Keimzahlen mit Kühlkettenunterbrechung für alle drei Chargen zumindest leicht über denen ohne Unterbrechung. Letztlich waren sie für Proben mit Kühlkettenunterbrechung um ca. 1 Log-Stufe erhöht. Das mikrobiologische Kriterium der Qualitätsbewertung zeigte demnach einen messbaren Effekt, der jedoch zeitlich deutlich verzögert festzustellen war.

Ähnliches ließ sich auch für die mittels DNA-Metabarcoding bestimmte mikrobielle Diversität beobachten. Eine gravierende Änderung des Mikrobioms durch Wegfall vorhandener Gattungen oder dem Auftauchen vorher nicht vorhandener Gattungen war nicht feststellbar. Allerdings war die Mikrobiomverschiebung hinsichtlich der relativen Häufigkeit einzelner Gattungen, die im Zuge der fortschreitenden Lagerung auftritt, in Proben mit Kühlkettenunterbrechung um ca. einen Tag beschleunigt.

Für die Schnellmethode Fluoreszenzspektroskopie wurde mit Daten der Versuchsreihen bei 2 °C ohne Kühlkettenunterbrechung ein Vorhersagemodell basierend auf der Partial-Least-Square-Regression kalibriert. Dieses erkannte bereits ab Tag 1 nach der Kühlkettenunterbrechung einen Unterschied zwischen Proben ohne und mit Kühlkettenunterbrechung. Letztere erschienen im Schnitt 2,4 Tage älter als die konstant gelagerten. Auch im Proteom konnten mittels MALDI-TOF Massenspektrometrie Biomarker identifiziert werden, deren Intensität sich in Proben mit Kühlkettenunterbrechung schneller veränderte als ohne.

Schlussendlich wirkte sich die Kühlkettenunterbrechung auch auf den sensorischen Gesamteindruck aus. Proben, die der Kühlkettenunterbrechung ausgesetzt waren, erreichten bereits an Tag 8 die Grenze zur Verzehrseignung, während Proben ohne Unterbrechung erst am darauffolgenden Probenahmetag (Tag 10 nach Herstellung) diese Grenze erreichten.

Als wesentliches Ergebnis lässt sich herausstellen, dass mit einer 12-stündigen Kühlkettenunterbrechung die Keimzahlen schneller ansteigen und ebenso eine beschleunigte Mikrobiomverschiebung zu beobachten ist. Sowohl spektroskopische Verfahren als auch das Produktproteom weisen auf eine beschleunigte Alterung des Hackfleisches hin. Dementsprechend tritt der Verderb, angezeigt auch durch die sensorische Verzehrsungeeignetheit, früher ein. Bezeichnend ist jedoch, dass diese Effekte chargenspezifisch gelten. So fiel insbesondere bei den mikrobiologischen Parametern auf, dass die chargenbedingten Unterschiede insbesondere bezüglich der Keimzahlen größer waren als die Effekte, die die Kühlkettenunterbrechung innerhalb einer Charge verursacht. Dies bestätigt die Notwendigkeit einer chargenspezifischen Vergabe des Verbrauchsdatums und einer chargengenauen Vorhersage des DZ. Herausforderung für das Training des DZ ist dabei die Extraktion der Parameter und die Bildung der Parameterkombinationen aus der sehr großen Grundgesamtheit der Daten, die eine Vorhersage mit hoher Genauigkeit ermöglichen. Die auf diesen Daten aufbauenden Arbeiten zur Erstellung und Kalibrierung des DZ laufen noch und sollen ab Mitte 2025 einer möglichen Anwendung zur Verfügung stehen.

5. Anwendung des DZ und Austausch von Daten entlang der Lebensmittelkette

Für die technische Realisierung von Anwendungen, die digitale Zwillinge nutzen, wird eine Plattform – eine Ausführungsumgebung – benötigt, die den Austausch von Informationen und Daten zwischen unterschiedlichen Nutzern bündelt und koordiniert. Diese Plattform basiert auf dem Standard Electronic Product Code Information Services (EPCIS), der von dem als GS1 bekannten internationalen Netzwerk aus verschiedenen gemeinnützigen Organisationen entwickelt wurde und eine global einheitliche Syntax und Semantik für den Ereignisaustausch verankert. EPCIS ist im internationalen Einzelhandel bereits weit verbreitet und wurde unter anderem für Prozessereignisse wie die Herstellung, Verarbeitung, Kommissionierung, den Warenausgang oder die Qualitätskontrolle konzipiert.

Die auf EPCIS 2.0 basierende Plattform, die als Repository bezeichnet wird, übernimmt automatisiert die Kommunikation mit dem digitalen Zwilling (DZ). Im Idealfall speisen alle beteiligten Akteure entlang der Lebensmittelkette – vom Schlachthof über den Verarbeiter bzw. Hersteller des Hackfleisches, die Transportunternehmen und Großhändler bis hin zum Einzelhandel – ihre relevanten Daten in das Repository ein. Dabei kann es sich zum Beispiel um Zeitstempel, Mengenangaben, Qualitätsparameter, Temperaturverläufe und ähnliche Prozessdaten handeln. Das Repository speichert, welche Informationen zu welchen Objekten und Ereignissen vorhanden sind, und stellt sie standardisiert bereit.

Für bestimmte Informationskategorien, wie z.B. Transporttemperaturen, sind im Repository Zielwertvorgaben hinterlegt. Diese werden mit neu eingehenden Daten, etwa aktuellen Temperaturmesswerten, automatisch abgeglichen. Wird im Fall einer Havarie – beispielsweise durch Ausfall der Kühlung – eine Zielvorgabe über einen festgelegten Zeitraum hinweg überschritten, wird diese Abweichung an den digitalen Zwilling übermittelt. Der DZ analysiert die Situation und berechnet auf Basis der gemessenen Daten sowie weiterer verfügbarer Informationen – wie Produktart, Dauer, bisheriger Prozessverlauf – eine aktualisierte Haltbarkeitsprognose. Die Vorhersageergebnisse werden über das Repository an die dort hinterlegten Nutzer zurückgespielt. Je nach Konfiguration des Systems kann dies der Hersteller, der Einzelhändler oder auch der Endverbraucher sein.

Da dieser gesamte Informationsfluss automatisiert abläuft, ist im Fall einer Havarie kein proaktives Eingreifen erforderlich. Die relevanten Informationen stehen nahezu in Echtzeit zur Verfügung und können unmittelbar zur weiteren Entscheidungsfindung genutzt werden. Denkbar ist auch, dass eine Weiterleitung der betroffenen Daten an die zuständige Behörde erfolgt. Diese kann – nach entsprechender Freigabe – über das Repository auf die zur Bewertung des Vorfalls erforderlichen Informationen zugreifen.

Die Nutzung der Plattform führt somit zu einer erhöhten Transparenz und Kontrolle über die einzelnen Prozessabschnitte. Gleichzeitig ermöglicht die Einbindung des DZ es den Unternehmen der Lebensmittelbranche, bei kritischen Vorkommnissen wie einer Unterbrechung der Kühlkette schnell und situationsgerecht zu reagieren.

6. Zukunftsszenarien für den Einsatz digitaler Zwillinge entlang der Lebensmittelkette

Der Einsatz des digitalen Zwillings ist nicht auf den Fall der Risikobewertung im Rahmen einer Kühlkettenunterbrechung beschränkt. Entlang der Lieferkette sind vielfältige, weitere Einsatzmöglichkeiten denkbar.

Lebensmittelunternehmer können den digitalen Zwilling etwa zur Verbesserung ihrer Eigenkontrollen nutzen. Der Rückgriff auf die im Repository verfügbaren Daten ermöglicht bei entsprechender Konfiguration neben einer effektiven Wareneingangskontrolle auch den chargengenauen Abgleich von Daten im Prozess der innerbetrieblichen Qualitätssicherung. Darüber hinaus bietet der Einsatz des digitalen Zwillings

Lebensmittelunternehmern perspektivisch die Möglichkeit der datenbasierten Absicherung der Verzehrsfähigkeit eines Lebensmittels bis zum *Point of Sale* und erlaubt so eine chargengenaue spezifische Aussage darüber, ab wann das Lebensmittel nicht mehr verzehrsfähig und aus dem Verkehr zu nehmen ist (vgl. Art. 14 Abs. 1 BasisVO). Der digitale Zwilling bietet mit dieser perspektivischen Funktion einen vollkommen neuen Ansatz zur kontinuierlichen Bestimmung der Lebensmittelqualität und -sicherheit.

Im Rahmen des behördlichen Einsatzes reduziert die Nutzung des digitalen Zwillings, vor allem der Zugriff auf die im Repository hinterlegten und – bei entsprechender Konfiguration – freigegebenen Daten, den behördlichen Aufwand zur Ermittlung des Sachverhalts und hinreichenden Risikobewertung erheblich. Daneben erlaubt die chargengenaue Aussage des digitalen Zwillings über die Lebensmittelqualität und -sicherheit des Lebensmittels eine datenbasierte behördliche Entscheidung im Havariefall noch vor Ort.

Nicht zuletzt könnte der digitale Zwilling auch dafür eingesetzt werden, dem Verbraucher nach dem *Point of Sale* – also etwa am heimischen Kühlschrank – Informationen über die Verzehrsfähigkeit des Lebensmittels zur Verfügung zu stellen.

7. Lebensmittelrechtliche Bewertung einzelner relevanter Aspekte

Der Einsatz des digitalen Zwillings muss sich im Spannungsfeld der Gewährleistung von Lebensmittelsicherheit (Gesundheitsschutz) und dem Verbot von Irreführungen (Täuschungsschutz) reibungslos realisieren lassen.

Hinsichtlich der Kennzeichnung vorverpackter Lebensmittel – hier von Schweinehackfleisch – stellt sich dabei insbesondere die Frage, ob und wie ein Umetikettieren der Produkte lebensmittelrechtlich zulässig ist. Berechnet der digitale Zwilling, etwa bei Einsatz im Einzelhandel, ein vom aufgedruckten und durch den Hersteller ermittelten Verbrauchsdatum abweichendes, ist zu beurteilen, ob und ggf. wie diese neue Information an den Verbraucher weitergegeben werden darf, ohne eine Irreführung (Art. 7 LMIV) auszulösen.

Nach Art. 8 Abs. 4 Satz 1 LMIV sind Änderungen angebrachter Informationen durch einen Dritten erlaubt, sofern sie nicht irreführend sind und keine Verringerung des Verbraucherschutzes mit sich bringen (Erlaubnis mit Verbotsvorbehalt). Flankiert wird diese grundsätzliche Erlaubnis mit einem Verantwortungsübergang auf denjenigen Lebensmittelunternehmer, der die Informationsänderung vornimmt (Art. 8 Abs. 4 Satz 2 LMIV). Für sie ist demnach also nicht mehr der Hersteller sondern – dem hier gewählten Beispiel entsprechend – der Einzelhändler verantwortlich.

Vor diesem großzügigen normativen Hintergrund ist es verwunderlich, dass das BVL[2] zunächst dem Umetikettieren von Lebensmitteln mit einem per se-Verbot gegenübertrat; zwischenzeitlich hat es diesen Ansatz jedoch aufgegeben. Ansatzweise nachvollziehbar ist der einstige Standpunkt des BVL nur dann, wenn man die „Zwitterstellung" des Verbrauchsdatums als nicht nur kennzeichnungs- sondern eben auch lebensmittelsicherheitsrelevantes Kriterium (vgl. Art. 24 Abs. 1 Satz 2 LMIV) berücksichtigt. Zudem ist es bisher faktisch auch so, dass nur der Hersteller über alle zur Ermittlung des Verbrauchsdatums notwendigen Informationen verfügt und die Akteure der nachgelagerten Stufen entlang der Lebensmittekette diesbezüglich in einem Informationsdefizit festsitzen – zwei Argumente, die für den strengen Umgang des BVL mit Umetikettierungen sprechen. Gesetzlich vorgezeichnet ist dieser Standpunkt jedoch nicht und wird auch wegen der perspektivischen Funktionsweise moderner Informationssysteme – wie dem des DZ – künftig nur schwer vertretbar sein. Perspektivisch ermöglicht der Einsatz des DZ, dass die für die Ermittlung des Verbrauchsdatums erforderlichen Informationen nicht nur für den Hersteller sondern – bei entsprechender Konfiguration – für jeden ihm nachgelagerten Akteur entlang der Lebensmittelkette nutzbar sind. Der DZ ist potentiell in der Lage, das strukturelle Informationsdefizit entlang der Lebensmittelkette aufzuheben und Informationen überall dort zur Verfügung zu stellen, wo sie zur Überprüfung und Einhaltung der Lebensmittelqualität und -sicherheit benötigt werden.

Geht man von der lebensmittelrechtlichen Zulässigkeit des Umetikettierens aus, stellt sich die Frage, welche Klippen hierbei zu umschif-

---

2 https://www.bvl.bund.de/DE/Arbeitsbereiche/01_Lebensmittel/03_Verbraucher/17_FAQ/FAQ_MHD/FAQ_MHD_node.html, abgerufen am 15.10.24.

fen sind: Das Umetikettieren löst potentiell die Gefahr einer Irreführung der Verbraucher hinsichtlich des Absenders der Information und auch hinsichtlich des Inhalts der Information aus (Art. 7 LMIV). Der Verbraucher dürfte regelmäßig erwarten, dass der Hersteller das Verbrauchsdatum auf der Verpackung anbringt. Im hier angelegten Fall ist es aber der Einzelhändler. Mithilfe eines *entpersonalisierenden Hinweises* sollte der Verbraucher daher aufgeklärt und die Irreführungsgefahr somit beseitigt werden (etwa *„Umetikettiert von ...“*). Was den Inhalt der ursprünglichen Information angeht, also des vom Hersteller ermittelten Verbrauchsdatums, sollte im Kontext zur neuen Angabe des Verbrauchsdatums ebenfalls ein *„aufklärender Hinweis“* erfolgen, etwa *„KI-ermitteltes, maßgebendes Verbrauchsdatum ist ...“*. Um den Irrtum hinsichtlich des Inhalts der Information auszuschließen, wäre es am elegantesten, das Verbrauchsdatum erst vom letzten Akteur in der Lebensmittelkette labeln zu lassen. Hiergegen spricht jedoch die derzeitige Rechtslage, nach der Lebensmittel im Zeitpunkt ihres Inverkehrbringens bereits mit allen Pflichtangaben versehen sein müssen (vgl. Art. 6 LMIV). Etwas anderes käme nur in Betracht, wenn das Produkt noch weiterverarbeitet werden müsste (vgl. Art. 8 Abs. 8 LMIV), was bei vorverpacktem Schweinehackfleisch aber nicht der Fall ist.

Fazit

Das Projektkonsortium hat einen umfassenden Datenschatz aus mehreren, sich komplementär ergänzenden Messmethoden geschaffen. Die Erstellung des DZ ist noch in Arbeit. Zur Validierung wurde seine Genauigkeit in zwei Szenarien der Kühlkettenunterbrechung im Detail untersucht. Unter der Annahme einer künftig ausreichenden Genauigkeit des DZ, wurden mögliche Anwendungsfälle identifiziert und deren vor allem lebensmittelrechtliche Umsetzbarkeit bewertet.

Nach seiner Fertigstellung wird der DZ im Praxiseinsatz validiert. Darüber hinaus soll die Datenplattform um Pilotanwendungen – etwa in Gestalt einer Verbraucherinformation – erweitert werden. Zudem ist die Erweiterung des DZ zur Integration weiterer Lebensmittelmatrizen für die nachprojektliche Verwertung vorgesehen.

Zu den Autoren:

Sven Böckelmann, benelog GmbH & Co. KG, GS1-Standards und Systeme

Dr. Matthias Brunner, tsenso GmbH

Dr. Katja Brzezinski-Hofmann, Forschungsstelle für Deutsches und Europäisches Lebensmittelrecht (FLMR) an der Universität Bayreuth

Dr. Martin Mühling, Max Rubner-Institut – Bundesforschungsinstitut für Ernährung und Lebensmittel – Institut für Sicherheit und Qualität bei Fleisch

Dr. Manuela Peukert, Max Rubner-Institut – Bundesforschungsinstitut für Ernährung und Lebensmittel – Institut für Sicherheit und Qualität bei Fleisch

Dr. Heinar Schmidt, Lehrstuhl für Bioanalytik und Lebensmittelanalytik an der Universität Bayreuth

Dr. Mareike Wenning, Bayerisches Landesamt für Gesundheit und Lebensmittelsicherheit

Meldepflicht der Laborverantwortlichen/ Veröffentlichung lebensmittelrechtlicher Verstöße

Vortrag beim 23. Bayreuther FLMR-Herbstsymposium am 18. Oktober 2024

Carsten Bittner*

In meinem Vortrag war über zwei seinerzeit neuere Entscheidungen, einerseits des Bundesverwaltungsgerichtes, andererseits des Bundesverfassungsgerichtes, zu berichten. Die Entscheidung des Bundesverwaltungsgerichtes (Urteil vom 14. Dezember 2023, Az. 3 C 7.22) betraf die Meldepflicht von Laborverantwortlichen gemäß § 44 Abs. 4a und 5a LFGB. Die Entscheidung des Bundesverfassungsgerichtes (Beschluss vom 5. September 2024, Az. 1 BvR 1949/24) die Veröffentlichung lebensmittelrechtlicher Verstöße gemäß § 40 Abs. 1a LFGB, den sogenannten „Lebensmittelpranger".

I. Meldepflicht der Laborverantwortlichen

Für das Verständnis der Entscheidung des Bundesverwaltungsgerichtes und der hieraus folgenden weiteren Fragen ist ein Blick auf die Vorgeschichte des § 44 Abs. 4a und 5a LFGB hilfreich.

1. Vorgeschichte des § 44 Abs. 4a und 5a LFGB

Auslöser für den Erlass der Vorschrift war der Dioxin-Skandal der Jahre 2010/2011. Der Futterfetthersteller Harles & Jentzsch hatte Industriefette für die Herstellung von Futterfetten verwendet. Hierdurch war es zum Eintrag von Dioxin zunächst in die von Harles & Jentzsch hergestellten Futterfette, sodann in die hiermit hergestellten Mischfuttermittel und schließlich in die mit den Mischfuttermitteln gewonnenen tierischen Erzeugnisse (Eier, Milch, Fleisch) gekommen. Nach damali-

* **Rechtsanwalt Dr. Carsten Bittner**, Fachanwalt für Verwaltungsrecht, GvW Graf von Westphalen Rechtsanwälte Steuerberater Partnerschaft mbB.

gen Presseberichten sollen ca. 5.000 Tierhaltungsbetriebe und deren Erzeugnisse von der Kontamination betroffen gewesen sein.

Das BMEL reagierte auf den Skandal mit einem „Aktionsplan Verbraucherschutz in der Futtermittelkette". Teil dieses Aktionsplans war die Ergänzung des § 44 LFGB um die Absätze 4a und 5a. In der Gesetzesbegründung hierzu heißt es:

> *„Nach dem derzeitigen Unionsrecht sind Lebensmittel- und Futtermittelunternehmer, die Grund zu der Annahme haben, dass ein von ihnen hergestelltes, behandeltes oder in den Verkehr gebrachtes Erzeugnis den Anforderungen an die Lebensmittel- oder Futtermittelsicherheit nicht entspricht, verpflichtet, den zuständigen Behörden dies mitzuteilen. [...] Dies ist nicht weitgehend genug. Es ist notwendig den Kreis der Meldepflichtigen zu erweitern auf die Verantwortlichen von Laboratorien, die Analysen von Futtermitteln oder Lebensmitteln durchführen. Damit wird ein Personenkreis durch Absatz 4a und 5a in die Meldepflicht einbezogen, der an der Herstellung, dem Behandeln oder dem Vertrieb des untersuchten Futtermittels nicht beteiligt ist und damit keine eigenen wirtschaftlichen Interessen verfolgt".*

Der neue § 44 Abs. 4a LFGB hatte dementsprechend folgenden Wortlaut:

> *„(4a) Hat der Verantwortliche eines Labors, das Analysen bei Lebensmitteln durchführt, aufgrund einer von dem Labor erstellten Analyse einer im Inland von einem Lebensmittel gezogenen Probe Grund zu der Annahme, dass das Lebensmittel einem Verkehrsverbot nach Artikel 14 Absatz 1 der Verordnung (EG) Nr. 178/2002 unterliegen würde, so hat er die zuständige Behörde von dem Zeitpunkt und dem Ergebnis der Analyse, der angewandten Analysenmethode und dem Auftraggeber der Analyse unverzüglich schriftlich oder elektronisch zu unterrichten."*

Der ebenfalls neu eingefügte § 44 Abs. 5a LFGB trifft für Futtermittel eine im Wesentlichen gleichlautende Regelung. Der Wortlaut beider Vorschriften warf bzw. wirft eine Reihe von Fragen auf:

1. Wann besteht „Grund zu der Annahme ..."?
   - Auch bei sogenannten „Freigabeuntersuchungen", d. h. Analysen, auf deren Grundlage überhaupt erst darüber entschieden werden

soll, ob ein Lebens- oder Futtermittel weiterverarbeitet und ggf. in den Verkehr gebracht werden kann?
- Ist die Meldepflicht des Laborverantwortlichen abhängig von der nachfolgenden Bearbeitung oder Behandlung des Lebens- oder Futtermittels, wenn diese (Bsp.: Erhitzung) einen Mangel beseitigen kann?

2. Wer ist Adressat der Vorschrift?
   - Nur die Verantwortlichen unabhängiger privater Labore?
   - Oder auch die Verantwortlichen firmeneigener und/oder staatlicher Labore?
3. Beschränkung der Vorschrift auf das „Inland"...
   - Als nationale Vorschriften verpflichten § 44 Abs. 4a und 5a LFGB zwangsläufig nur die Verantwortlichen von Laboren im Inland. Welche Folgen hat dies?
   - Die Vorschriften gelten nach ihrem Wortlaut aber auch nur für im Inland gezogene Proben. Ist dies sinnvoll und mit EU-Recht sowie den Grundrechten vereinbar?

Das Bundesverwaltungsgericht hat in seinem Urteil vom 14. Dezember 2023 (Az. 3 C 7.22) zumindest einen Teil dieser Fragen beantwortet. Dem Urteil lag folgender Sachverhalt zugrunde:

2. Sachverhalt der Entscheidung

Ein Lebensmittelunternehmen ließ Fertigpackungen mit Mandelkernen durch ein unabhängiges Labor untersuchen. Bei der Untersuchung wurden Salmonellen festgestellt. Nach Mitteilung des Untersuchungsergebnisses teilte das Lebensmittelunternehmen dem Laborverantwortlichen mit, die untersuchte Charge befinde sich noch nicht im Verkehr, sondern vollständig beim Lebensmittelunternehmen. Die Analyse habe dazu gedient, über die Freigabe der Charge zu entscheiden. Aufgrund des Untersuchungsergebnisses werde die Charge endgültig nicht in den Verkehr gebracht. Zu einem späteren Zeitpunkt wurde dem Laborverantwortlichen dann mitgeteilt, die Charge solle durch Erhitzen behandelt und hierdurch wieder verkehrsfähig gemacht werden. Aufgrund dieser Informationen meldete der Laborverantwortliche den festgestellten Salmonellenbefall nicht gemäß § 44 Abs. 4a LFGB an die zuständige Behörde. Diese erfuhr aber auf anderem Wege nachträglich von den Untersuchungsergebnissen und verhängte ein Bußgeld gegen den Laborverantwortlichen. Daraufhin klagte der Laborbetreiber auf

Feststellung, dass unter den beschriebenen Umständen keine Meldepflicht nach § 44 Abs. 4a LFGB bestanden habe.

3. Rechtsausführungen des BVerwG

Das Bundesverwaltungsgericht hat diese Klage mit seinem Urteil vom 14. Dezember 2023 (Az. 3 C 7.22) in letzter Instanz abgewiesen. Das Bundesverwaltungsgericht stellte fest, dass der Laborverantwortliche gemäß § 44 Abs. 4a LFGB zur Meldung an die zuständige Behörde verpflichtet war. Zur Begründung führte es aus, ein Laborverantwortlicher habe Grund zu der Annahme, dass ein Lebensmittel einem Verkehrsverbot nach Art. 14 Abs. 1 VO (EG) Nr. 178/2002 unterliege, wenn sich aus dem Ergebnis der von dem Labor durchgeführten Analyse und gegebenenfalls weiteren Umständen ergäbe, dass das Lebensmittel voraussichtlich nicht den Anforderungen an die Lebensmittelsicherheit entspricht. Verkehrsverbote gälten nach Art. 14 Abs. 1 VO (EG) Nr. 178/2002 für nicht sichere, das heißt gesundheitsschädliche oder für den Verzehr durch den Menschen ungeeignete Lebensmittel. Maßgebend hierfür seien die tatsächlichen Umstände und nicht die subjektive Vorstellung des Laborverantwortlichen. Dies gelte auch bei sogenannten Freigabeuntersuchungen. Aus der im Gesetz verwendeten Formulierung *„unterliegen würde“* folge, dass es nicht darauf ankomme, ob ein Lebensmittel tatsächlich in den Verkehr gebracht werde, sondern nur darauf, ob ein Inverkehrbringen abstrakt gesehen verboten wäre. Das Bundesverwaltungsgericht verwies hierzu auf die Entstehungsgeschichte des § 44 Abs. 4a und 5a LFGB und auf das Ziel des Gesetzgebers, als Reaktion auf den Dioxinskandal die als nicht ausreichend angesehenen Meldepflichten der Lebens- und Futtermittelunternehmen durch die Einbeziehung von Personen in den Kreis der Meldepflichtigen zu ergänzen, die ein als mangelhaft erkanntes Lebensmittel nicht selbst hergestellt und behandelt hätten und insoweit *„keine eigenen wirtschaftlichen Interessen verfolgten“*. Dieses Ziel des Gesetzgebers würde nicht erreicht, wenn die Meldepflicht der Laborverantwortlichen von Erklärungen der betroffenen Lebensmittelunternehmen zur weiteren Behandlung der als unsicher erkannten Lebensmittel abhinge.

Dies ergebe sich auch aus der Gesetzessystematik. Anders als § 44 Abs. 4 LFGB enthalte § 44 Abs. 4a LFGB keine Ausnahme von der Meldepflicht bei unschädlicher Beseitigung oder Behandlung eines unsicheren Lebensmittels. Hierin liege kein Wertungswiderspruch. Die Verpflichtung der Laborverantwortlichen, unsichere Lebensmittel zu melden, diene der frühestmöglichen Information der Behörde und der wirksamen Kontrolle der betroffenen Unternehmen.

Dies sei mit dem EU-Recht *„offenkundig"* vereinbar. Die Verordnung (EG) Nr. 178/2002 verpflichte zwar nur die Lebensmittelunternehmen, unsichere Lebensmittel den zuständigen Behörden zu melden und nicht die Labore oder Laborverantwortlichen. Dies schließe eine entsprechende nationale Regelung aber nicht aus. Ziel der Verordnung (EG) Nr. 178/2002 sei ein hohes Schutzniveau für die Gesundheit der Menschen. Die Durchsetzung und die Kontrolle obliege nach Art. 17 Abs. 2 der genannten Verordnung den Mitgliedstaaten. Hierzu habe der Gerichtshof der Europäischen Union in der Rechtssache C-636/11 „Berger" festgestellt, dass die Anforderungen an die Lebensmittelsicherheit in der Union nicht vollständig harmonisiert seien. Die Verpflichtung der Laborverantwortlichen zur Meldung unsicherer Lebensmittel verbessere die Lebensmittelsicherheit durch einen weiteren Meldeweg. Die primäre Verantwortung der Lebensmittelunternehmer, wie sie aus der Verordnung (EG) Nr. 178/2002 folge, werde hierdurch nicht in Frage gestellt. Eine Störung des Binnenmarktes sei nicht dargelegt, die Meldepflicht gelte nur für inländische Labore und Proben.

Auch mit den Grundrechten der Laborbetreiber sei die Meldepflicht der Laborverantwortlichen vereinbar. Die Meldepflicht greife zwar in die Berufsausübungsfreiheit der Laborbetreiber aus Art. 12 Abs. 1 GG ein. Dieser Eingriff sei aber gerechtfertigt und verhältnismäßig. Er diene dem Schutz der Verbraucher vor unsicheren Lebensmitteln. Er wiege nicht schwer, verursache keinen hohen Aufwand und betreffe keine Betriebsgeheimnisse. Er beeinträchtige lediglich die Vertraulichkeit zwischen Labor und Lebensmittelunternehmer.

4. Meldepflicht bei weiterer Verarbeitung?

Die Ausführungen des Bundesverwaltungsgerichtes, insbesondere der Verweis auf die *„tatsächlichen Umstände"*, werfen die Frage auf, ob die Meldepflicht des Laborverantwortlichen auch bejaht worden wäre, wenn aufgrund der tatsächlichen Umstände eine weitere Verarbeitung oder Behandlung des unsicheren Lebensmittels zu erwarten gewesen wäre, die zur Beseitigung der Unsicherheit (hier des Salmonellenbefalls, z. B. durch Erhitzen) geführt hätte.

a) Urteil des BayVGH vom 8. März 2021, Az. 20 CS 20.2720 „Teewurst"

Hierzu ist ein Vergleich mit einer Entscheidung des Bayerischen Verwaltungsgerichtshofes interessant. Diesem Urteil lag folgender Sachverhalt zugrunde:

Ein Labor stellte Salmonellen in einer Teewurstmischung fest und ließ den Salmonellentyp durch das BfR bestimmen. Das BfR teilte seinen Befund nicht nur dem Labor, sondern auch dem BVL mit. Dieses wiederum informierte das StMUV und letzteres das zuständige Landratsamt. Das Landratsamt forderte das Labor zu einer vollständigen Meldung gemäß § 44 Abs. 4a LFGB auf. Das Labor nannte zwar den Rohstofflieferanten, aber nicht den Auftraggeber der von ihm durchgeführten Analyse. Der Bayerische Verwaltungsgerichtshof hatte daraufhin darüber zu entscheiden, ob der Laborverantwortliche zur Abgabe einer vollständigen Meldung nach § 44 Abs. 4a LFGB verpflichtet war und führte hierzu Folgendes aus:

> *„Da die Beurteilung, ob ein Analysegegenstand einem Verkehrsverbot nach Art. 14 Abs. 1 VO (EG) 178/2002 unterliegen würde, je nach Sachverhaltsgestaltung auf subjektiver Seite detaillierte Tatsachenkenntnis von den Umständen der Produktion und dem Stand des Herstellungsprozesses, insbesondere darüber voraussetzt, ob es sich z. B. um ein Vor- oder Zwischenprodukt handelt, kommt es für die Beantwortung der Frage, ob der Laborverantwortliche Grund zur Annahme eines Verkehrsverbots hat, immer auf die Umstände des Einzelfalls an. ... Dies ist dann nicht der Fall, wenn ein Rohstoff oder ein Zwischenprodukt untersucht wird oder wenn die Weiterverarbeitung voraussichtlich dazu führen wird, die festgestellte Belastung, die ein Lebensmittel unsicher i. S. d. Art. 14 Abs. 1 VO (EG) 178/2002 machen kann, zu beseitigen (etwa durch Erhitzung)."*

Im Ergebnis bestätigte der Bayerische Verwaltungsgerichtshof hiernach zwar das Bestehen der Meldepflicht, weil bei einer Teewurstmischung keine weitere Verarbeitung (insbesondere Erhitzung) stattgefunden hätte, durch die die Salmonellen beseitigt worden wären. Der

Bayerische Verwaltungsgerichtshof ließ aber durchblicken, dass die Entscheidung anders ausgefallen wäre, wenn die tatsächlichen Umstände der Verarbeitung anders gewesen wären.

b) Vergleich der Entscheidungen

Diese Entscheidung des Bayerischen Verwaltungsgerichtshofes ist nach dem Urteil des Bundesverwaltungsgerichtes vom 14. Dezember 2023 allenfalls noch teilweise haltbar. Maßgeblich hierfür ist, dass auch Zwischenprodukte Lebensmittel im Sinne des Art. 2 Satz 1 VO (EG) 178/2002 sind, weil von ihnen erwartet werden kann,

> *„dass sie in verarbeitetem, teilweise verarbeitetem oder unverarbeitetem Zustand von Menschen aufgenommen werden".*

Hierfür kommt es nach dem Urteil des Bundesverwaltungsgerichtes nur auf die tatsächlichen Umstände und nicht auf subjektive Vorstellungen des Laborverantwortlichen an. Die Meldepflicht darf nach den Feststellungen des Bundesverwaltungsgerichtes zudem nicht von Erklärungen des Lebensmittelunternehmers über die weitere Behandlung des unsicheren Lebensmittels abhängig gemacht werden. Nach alldem kann die Meldepflicht des Laborverantwortlichen allenfalls dann entfallen, wenn aus rein tatsächlichen Gründen feststeht, dass das untersuchte Lebensmittel zwingend weiterverarbeitet wird und diese Weiterverarbeitung die Sicherheit des Lebensmittels zweifelsfrei wiederherstellt. Hierfür kommt es auf die Art des Lebensmittels, die Art der Weiterverarbeitung und den Grund der Unsicherheit an.

5. Meldepflicht für Verantwortliche firmeneigener oder staatlicher Labore?

Auch nach dem Urteil des Bundesverwaltungsgerichtes vom 14. Dezember 2023 bleiben mit Blick auf den Tatbestand des § 44 Abs. 4a und 5a LFGB aber noch Fragen offen. Eine dieser Fragen lautet, ob die Meldepflicht nur Verantwortliche unabhängiger privater Labore trifft oder auch Verantwortliche firmeneigener oder sogar staatlicher Labore? Diese Frage ist für die Betroffenen allein schon deshalb von Bedeutung, weil gemäß § 60 Abs. 2 Nr. 22 LFGB ordnungswidrig handelt, wer als Laborverantwortlicher entgegen § 44 Abs. 4a und 5a die zuständige Behörde nicht, nicht richtig, nicht vollständig oder nicht rechtzeitig unterrichtet.

aa) Argumente contra

Gegen eine Meldepflicht der Verantwortlichen firmeneigener oder staatlicher Labore werden eine Reihe von Argumenten angeführt:

- Der Begriff des Labors bedürfe einer teleologischen Reduktion.
- Für staatliche Labore richteten sich die Informationspflichten nach eigenen öffentlich-rechtlichen Bestimmungen.
- Für unternehmenseigene Labore gelten die Meldepflichten der Lebensmittelunternehmer aus Art. 19 f. VO (EG) 178/2002 und aus § 44 Abs. 4 und 5 LFGB.
- Unternehmenseigene Labore verfolgten abweichend von der Gesetzesbegründung die eigenen wirtschaftlichen Interessen des Lebensmittelunternehmers und der Laborverantwortliche unterliege insoweit dessen Weisungsrecht.[1]

bb) Argumente pro

Demgegenüber sprechen eine Reihe von Argumenten für eine Meldepflicht der Verantwortlichen firmeneigener und staatlicher Labore:

- Der Wortlaut des § 44 Abs. 4a und 5a LFGB sieht keine Ausnahmen für firmeneigene oder staatliche Labore vor.
- Die Meldepflicht betrifft nicht den Laborbetreiber, für den ggf. eigene, von § 44 Abs. 4a und 5a LFGB unberührte Pflichten gelten, sondern eine vom Betreiber verschiedene natürliche Person, den Laborverantwortlichen.
- Die wirtschaftlichen Interessen des Lebensmittelunternehmers seien nicht mit denen des Laborverantwortlichen identisch.
- Die Zwecke des § 44 Abs. 4a und 5a LFGB – Einrichtung eines weiteren Meldeweges, frühestmögliche Information der zuständigen Überwachungsbehörde, wirksame Kontrolle des betroffenen Lebensmittelunternehmers – sprächen für die Einbeziehung der Laborverantwortlichen firmeneigener und staatlicher Labore.[2]

Es bleibt abzuwarten, ob diese Frage durch die Rechtsprechung früher oder später geklärt werden wird.

---

1 S. u. a. *Holle in Streinz/Meisterernst*, BasisVO/LFGB, 1. Auflage 2021, § 44, Rn. 36; *Sosnitza/Meisterernst*, Lebensmittelrecht, 188. EL November 2023, LFGB § 44, Rn. 73.

2 So u. a. *Boch*, LFGB, 9. Online-Auflage 2022, § 44, Rn. 9.

6. Rein inländische Geltung des § 44 Abs. 4a und 5a LFGB

Eine weitere Frage ist, ob die derzeitigen Beschränkungen des § 44 Abs. 4a und 5a LFGB auf das Inland sinnvoll sind?

a) Geltung nur für Labore im Inland

Hierbei ist voranzustellen, dass § 44 Abs. 4a und 5a LFGB als nationale Vorschrift selbstverständlich nur für Verantwortliche von Laboren im Inland gelten kann. Dies eröffnet den Lebensmittelunternehmern allerdings die Möglichkeit, der Anwendung des § 44 Abs. 4a und 5a LFGB zu entgehen, indem sie mit der Analyse ihrer Lebensmittel Labore beauftragen, die nicht in Deutschland, sondern in einem der Nachbarländer belegen sind. Dies im Regelfall weniger, um Erkenntnisse über unsichere Lebensmittel zu vertuschen, als vielmehr in dem Bestreben, auch im Falle einer *„Lebensmittelkrise"* die Dinge in der Hand zu behalten und auf jeden Fall als Erster, noch vor der zuständigen Behörde, von einem Befund zu erfahren. Es wäre daher wahrscheinlich sinnvoll gewesen, statt eines nationalen Alleinganges mit § 44 Abs. 4a und 5a LFGB auf EU-Ebene für den Erlass einer in allen Mitgliedstaaten geltenden Meldepflicht zu werben.

b) Geltung nur bei Probenziehung im Inland

§ 44 Abs. 4a und 5a LFGB ist aber noch in einem weiteren Punkt nur auf das Inland bezogen, denn die Meldepflicht gilt nur bei Analyse einer *im Inland* von einem Lebensmittel gezogenen Probe. Zweck dieser Einschränkung der Meldepflicht sollte es wohl sein, den Verdacht einer Beeinträchtigung des innergemeinschaftlichen Handels zu vermeiden. Die Prüfung, ob die Beschränkung der Meldepflicht in diesem Punkt erforderlich war, würde den Rahmen dieses Vortrages sprengen. Auf jeden Fall stellt sich die Frage, ob die Beschränkung mit Blick auf den Gesetzeszweck sinnvoll war, wenn man zwei ganz realistische und alltägliche Fallgestaltungen miteinander vergleicht:

- Lebensmittel werden aus Deutschland ins Ausland verkauft. Die Ware wird bei Gefahrübergang in Deutschland beprobt, die Probe in einem deutschen Labor analysiert und die Ware sodann ins Ausland verbracht. In diesem Fall wäre der Laborverantwortliche bei Feststellung eines die Lebensmittelsicherheit beeinträchtigenden Mangels meldepflichtig.

- Werden im umgekehrten Fall von einem Käufer in Deutschland Lebensmittel im Ausland gekauft, die Ware bei Gefahrübergang im Ausland beprobt und die Ware in einem deutschen Labor analysiert, bevor die Ware nach Deutschland verbracht wird, dann wäre der Laborverantwortliche bei Feststellung eines Mangels nicht meldepflichtig, obwohl sich die Ware nunmehr in Deutschland im Verkehr befindet.

Dies ist nur ein Beispiel dafür, dass es an der Zeit sein könnte, das System der Meldepflichten nach der Verordnung (EG) 178/2002 und den nationalen Vorschriften aufzuräumen und zu systematisieren. Die nationalen Vorschriften in § 44 und 44a LFGB sind aufgrund der in ihnen uneinheitlich vorgesehenen Ausnahmen schon in sich widersprüchlich und ergänzen die grundlegenden Meldepflichten aus Art. 19 VO (EG) 178/2002 daher nur unzureichend.

II. Veröffentlichung lebensmittelrechtlicher Verstöße gemäß § 40 Abs. 1a LFGB, „Lebensmittelpranger"

Auch für das Verständnis der zweiten Entscheidung, des Beschlusses des Bundesverfassungsgerichtes vom 5. September 2024 (Az. 1 BvR 1949/24) empfiehlt sich ein Blick auf den Hintergrund der maßgeblichen Vorschrift.

1. Vorgeschichte des § 40 Abs. 1a LFGB

Art. 10 VO (EG) 178/2002 bestimmt, dass die Behörden der Mitgliedstaaten geeignete Schritte unternehmen, um die Öffentlichkeit zu informieren, wenn ein hinreichender Verdacht besteht, dass ein Lebensmittel oder Futtermittel ein Risiko für die Gesundheit von Mensch oder Tier mit sich bringen kann. § 40 Abs. 1 Satz 1 LFGB verweist für das nationale Recht zunächst auf diese Informationspflicht der zuständigen Behörden und ergänzt diese in § 40 Abs. 1 Satz 2 Nr. 4 LFGB. Nach der zuletzt genannten Vorschrift soll eine Information der Öffentlichkeit auch dann erfolgen, wenn ein nicht gesundheitsschädliches, aber zum Verzehr ungeeignetes, insbesondere ekelerregendes Lebensmittel in den Verkehr gelangt oder gelangt ist.

Auch in diesem Fall führte neben anderen Skandalen („*Käseimitate*", „*Analogschinken*") insbesondere der Dioxinskandal der Jahre 2010/2011 (siehe oben, „*Harles & Jentzsch*") dazu, dass der deutsche

Gesetzgeber die bestehenden Vorschriften für die Pflicht zur Information der Öffentlichkeit nicht mehr als ausreichend ansah. Es kam zu einer ersten Änderung des Verbraucherinformationsgesetzes (VIG). In der Gesetzesbegründung heißt es hierzu:

> *„Die Geschehnisse im Zusammenhang mit Dioxin in Futtermitteln von Ende 2010/Anfang 2011 bestätigen die bereits in der Vergangenheit insbes. im Zusammenhang mit kennzeichnungsrechtlichen Verstößen im Bereich der Käseimitate sowie des sog. Analogschinkens gesammelten Erfahrungen, dass bei den Behörden vor Ort trotz der im Juli 2009 eingeführten Verbesserungen der Abwägungsklausel des bisherigen § 40 Abs. 1 S. 3 (vgl. BGBl. I 2205) teilweise immer noch Unsicherheiten bestehen, in welchen Fällen eine Information der Öffentlichkeit angezeigt ist. Daher ist es notwendig, im Gesetz selbst durch die Schaffung eines neuen § 40 Abs. 1a klarzustellen, dass bestimmte herausgehobene Rechtsverstöße unabhängig vom Vorliegen der sonstigen Voraussetzungen des § 40 Abs. 1 zu veröffentlichen sind."*

Der neu eingefügte § 40 Abs. 1a LFGB erhielt hierzu zunächst folgenden Wortlaut:

> *„(1a) Die zuständige Behörde informiert die Öffentlichkeit ... unter Nennung der Bezeichnung des Lebensmittels oder Futtermittels sowie unter Nennung des Lebensmittel- oder Futtermittelunternehmens, ..., wenn der durch Tatsachen, ..., hinreichend begründete Verdacht besteht, dass*
>
> *1. in Vorschriften im Anwendungsbereich dieses Gesetzes festgelegte zulässige Grenzwerte, Höchstgehalte oder Höchstmengen überschritten wurden oder*
>
> *2. ein nach Vorschriften im Anwendungsbereich dieses Gesetzes nicht zugelassener oder verbotener Stoff in dem Lebensmittel oder Futtermittel vorhanden ist oder*
>
> *3. gegen sonstige Vorschriften im Anwendungsbereich dieses Gesetzes, die dem Schutz der Endverbraucher vor Gesundheitsgefährdungen oder vor Täuschung oder der Einhaltung hygienischer Anforderungen dienen, in nicht nur unerheblichem Ausmaß oder wiederholt verstoßen worden ist und die Verhängung eines Bußgeldes von mindestens dreihundertfünfzig Euro zu erwarten ist ..."*

Bereits kurz nach Inkrafttreten der Vorschrift wurde deren Verfassungsmäßigkeit allerdings von mehreren Oberverwaltungsgerichten angezweifelt.[3]

Um diese Zweifel auszuräumen, stellte die Regierung des Landes Niedersachsen, die die Vorschrift befürwortete, einen Normenkontrollantrag beim Bundesverfassungsgericht (Az. 1 BvF 1/13). § 40 Abs. 1a LFGB wurde daraufhin bis zur Entscheidung des Bundesverfassungsgerichtes, die im März 2018 erging, in den meisten Bundesländern, mit Ausnahme des Saarlandes, nicht angewendet.

2. Entscheidung des Bundesverfassungsgerichtes vom 21. März 2018, Az. 1 BvF 1/13

In seinem Beschluss kam das Bundesverfassungsgericht zu dem Ergebnis, dass die in § 40 Abs. 1a LFGB vorgesehene Information der Öffentlichkeit über lebensmittelrechtliche Verstöße zwar in den meisten Punkten mit der Verfassung zu vereinbaren sei, dass die Veröffentlichungen aber zeitlich begrenzt werden müssten, um einen unverhältnismäßigen Eingriff in die Berufsfreiheit der betroffenen Lebensmittelunternehmen zu vermeiden. Es führte hierzu aus:

> *„(57) Die mit der Regelung einhergehenden Grundrechtsbeeinträchtigungen geraten mit der Dauer der Veröffentlichung außer Verhältnis zu den mit der Veröffentlichung erreichbaren Zwecken. Je länger die Verbreitung andauert, umso größer wird die Diskrepanz zwischen der über die Zeit steigenden Gesamtbelastung des Unternehmens einerseits und dem abnehmenden Wert der Information für die Verbraucherinnen und Verbraucher andererseits und umso weniger ist den Betroffenen die Veröffentlichung zuzumuten.*
>
> *(58) Je weiter der Verstoß zeitlich entfernt ist, desto geringer ist auf der einen Seite noch der objektive Informationswert seiner Verbreitung, weil sich vom Verstoß in der Vergangenheit objektiv immer weniger auf die aktuelle Situation des betroffenen Unternehmens schließen lässt. Je länger eine für das Unternehmen negative Information in der Öffentlichkeit verbreitet wird, desto größer ist auf der*

3 VGH BW, Beschluss vom 28. Januar 2013, Az. 9 S 2423/12; Bay.VGH, Beschluss vom 18. März 2013, Az. 9 CE 12.2755; OVG Münster, Beschluss vom 24. April 2013, Az. 13 B 192/13; OVG Lüneburg, Beschluss vom 14. Juni 2013, Az. 13 ME 18/13.

> *anderen Seite dessen Belastung, weil umso mehr Verbraucherinnen und Verbraucher im Laufe der Zeit von dieser Information zuungunsten des Unternehmens beeinflusst werden können. … Eine zeitliche Begrenzung der Veröffentlichung ist daher verfassungsrechtlich geboten.“*

Der Gesetzgeber ergänzte daraufhin § 40 Abs. 1a LFGB durch Einfügung des Wortes *„unverzüglich“*.

> *„Die zuständige Behörde informiert die Öffentlichkeit unverzüglich …“.*

Ferner wurde ein neuer § 40 Abs. 4a LFGB in das Gesetz eingefügt. Dieser hat folgenden Wortlaut:

> *„(4a) Die Information nach Abs. 1a ist einschließlich zusätzlicher Informationen nach Abs. 4 sechs Monate nach der Veröffentlichung zu entfernen.“*

3. Entscheidung des Bundesverfassungsgerichtes vom 5. September 2024, Az. 1 BvR 1949/24

Vor diesem Hintergrund ist die jetzt ergangene neue Entscheidung des Bundesverfassungsgerichtes zu sehen.

a) Sachverhalt der Entscheidung

Am *14. Februar 2023* wurden bei einer ordnungsbehördlichen Kontrolle bei einem Partyservice hygienische Mängel festgestellt. Am *2. März 2023* kündigte die Behörde dem betroffenen Lebensmittelunternehmen eine Veröffentlichung nach § 40 Abs. 1a LFGB an. Am *3. April 2023* beantragte das Lebensmittelunternehmen beim zuständigen Verwaltungsgericht, der Behörde die Veröffentlichung im Wege der einstweiligen Anordnung nach § 123 VwGO zu untersagen. Am *27. April 2023* lehnte das Verwaltungsgericht diesen Antrag ab. Hiergegen erhob das Lebensmittelunternehmen am *6. Mai 2023* Beschwerde zum zuständigen Verwaltungsgerichtshof. Erst am *19. Juli 2024* – mehr als 14 Monate später – wies der Verwaltungsgerichtshof diese Beschwerde zurück.

In der Begründung seiner Entscheidung führte der Verwaltungsgerichtshof aus, die Veröffentlichung verletzte die Beschwerdeführerin nicht in ihrem Grundrecht aus Art. 12 Abs. 1 GG. Sie sei verhältnismäßig und die Information erfolge ohne schuldhaftes Zögern der Überwachungsbehörde. Entgegen der Ansicht der Beschwerdeführerin erfolge die Veröffentlichung auch ansonsten unverzüglich. Der längere zeitliche Abstand zwischen zugrundeliegender Kontrolle und Veröffentlichung stünde dieser nicht aus Verhältnismäßigkeitsgesichtspunkten entgegen. Die Veröffentlichung sei aufgrund des gerichtlichen Eilverfahrens unterblieben. Würde das Abwarten des gerichtlichen Eilverfahrens dazu führen, dass nach dessen Abschluss eine Veröffentlichung nicht mehr „unverzüglich" im Sinne des § 40 Abs. 1a LFGB wäre, würde die Vorschrift weitgehend ihres Anwendungsbereiches beraubt, was mit dem Sinn und Zweck der gesetzlichen Regelung nicht zu vereinbaren sei.

Das Lebensmittelunternehmen erhob am 21. August 2024 Verfassungsbeschwerde gegen den Beschluss des Verwaltungsgerichtshofes und stellte gleichzeitig einen Eilantrag, der Behörde bis zur Entscheidung über die Verfassungsbeschwerde die angekündigte Veröffentlichung zu untersagen. Das Bundesverfassungsgericht hat diesem Eilantrag mit Beschluss vom 5. September 2024 (1 BvR 1949/24) stattgegeben.

b) Rechtsausführungen des BVerfG

In seinem Beschluss führte das Bundesverfassungsgericht aus, die Verfassungsbeschwerde erscheine, jedenfalls soweit die Beschwerdeführerin eine Verletzung ihrer Berufsfreiheit nach Art. 12 Abs. 1 GG rüge, weder von vornherein unzulässig noch offensichtlich unbegründet. Die Folgenabwägung führe zum Erlass der einstweiligen Anordnung. Erginge die einstweilige Anordnung nicht, träten für das Lebensmittelunternehmen durch die absehbare Veröffentlichung der Informationen über das Ergebnis der Kontrolle irreversible Schäden ein. Erginge dagegen die einstweilige Anordnung, müsse die Behörde mit einer Veröffentlichung von Informationen über die festgestellten Mängel weiter zuwarten. In der Abwägung dieser Folgen überwögen die auf Seiten der Beschwerdeführerin zu berücksichtigenden Nachteile, die bei Erfolglosigkeit des Antrags auf einstweilige Anordnung einträten, die negativen Folgen, die bei Erlass der einstweiligen Anordnung entstünden. Einerseits griffe eine Veröffentlichung tief in die Berufsfreiheit der Beschwerdeführerin ein. Auf der anderen Seite käme der veröffentlichten Information jedenfalls aktuell, mithin eineinhalb Jahre nach der Feststellung des Verstoßes, nur noch ein geringer Wert für Konsumentscheidungen der Verbraucher und den Gesundheitsschutz zu. Eine weitere Verzögerung der Veröffentlichung fiele nicht mehr ausschlaggebend ins Gewicht.

c) Fragen des Hauptverfahrens

In der Hauptsacheentscheidung des Bundesverfassungsgerichtes wird die Frage zu beantworten sein, ob die Forderung nach einer *„unverzüglichen"* Veröffentlichung von Informationen gemäß § 40 Abs. 1a LFGB nur für Behörden oder auch für Gerichte gilt. Für Letzteres spricht der Wortlaut des § 40 Abs. 1a LFGB sowie die Tatsache, dass das Gebot einer unverzüglichen Veröffentlichung vom Bundesverfassungsgericht aus dem Grundsatz der Verhältnismäßigkeit abgeleitet ist. Dieser gilt selbstverständlich auch für Gerichte.

Eine weitere Frage wird sein, ob die Inanspruchnahme von (Eil-) Rechtsschutz ein Abweichen von dem Gebot einer unverzüglichen Veröffentlichung nach § 40 Abs. 1a LFGB rechtfertigt. Hiergegen spricht, dass die Inanspruchnahme von Rechtsschutz, auch Eilrechtsschutz, die Ausübung eines grundrechtsgleichen Rechtes aus Art. 103 Abs. 1 GG ist. Die Ausübung eines Grundrechtes kann nicht zur Einschränkung anderer Grundrechte, hier aus Art. 12 Abs. 1 GG, führen. Dies gilt zumindest dann, wenn es der staatlichen Seite möglich und zumutbar ist, die Ausübung beider Grundrechte – hier durch sachgerechte Organisation und Durchführung des gerichtlichen Eilverfahrens – in praktischen Einklang zu bringen.